BYD O AMSER

BYD O AMSER

gan

EIGRA LEWIS ROBERTS

Drama wedi ei seilio ar hanes Ann Thomas (Griffiths)
Dolwar Fechan

GWASG GOMER
1976

Argraffiad Cyntaf—Mehefin, 1976

SBN 85088 355 5

*Drama Fuddugol y Tlws Drama
yn Eisteddfod Bro Myrddin* 1974

ARGRAFFWYD GAN
J. D. LEWIS A'I FEIBION CYF.,
GWASG GOMER - LLANDYSUL

CYFLWYNIAD

Nid drama hanesyddol mo hon er bod ynddi amryw o ffeithiau a gydnabyddir yn gyffredinol fel rhai cywir. Aeth deugain mlynedd heibio wedi marwolaeth Ann Thomas (Griffiths) heb i ddim o'i hanes gael ei gofnodi. Gwnaed hynny yn *Y Traethodydd* yn 1846 gan John Hughes, Pontrobert, cyfaill iddi a gŵr Ruth Evans a fu'n forwyn yn Nolwar Fechan. Mae John Hughes ei hun yn cydnabod :

> ' Anfantais fawr a gafodd yr ysgrifennwr wrth ysgrifennu y cofiant hwn oedd fod tros ddeugain mlynedd wedi mynd heibio er pan fu farw y gwrthddrych. Hyn a barodd na allodd nodi yr amserau yn sicr a manylaidd.'

Cyfuniad o ffeithiau a dychymyg a geir yma. O ddarllen am anfantais John Hughes ac o gofio geiriau R. Williams Parry—

> ' Nes na'r hanesydd at y gwir di-goll
> Ydyw'r dramodydd sydd yn gelwydd oll '—

mae'r cwestiwn yn codi—' Beth sy'n ffaith a beth sy'n ddychymyg ? '

Ymgais sydd yma i gyflwyno portread dramatig o un y bu peth wmbredd o ddadlau a dyfalu yn ei chylch ; un sy'n cael ei hadnabod fel emynyddes alluog ac yn cael ei chydnabod yn gyfrinydd ond a oedd, uwchlaw popeth arall, yn ferch nwydus a synhwyrus a'i hoes fer yn un frwydr o geisio cadw cydbwysedd rhwng pethau Crist a phethau'r byd. Ann Thomas—yr athrylith unig na chafodd, mwy na'i Christ, ei deall na'i gwerthfawrogi gan ei phobl ac yn ei lle ei hun.

' Hyn oddi wrth eich garedig chwaer sy'n cyflym deithio drwy FYD O AMSER i'r byd mawr a bery byth.'—Brawddeg glo llythyr yn llawysgrifen Ann ei hun i Elizabeth Evans, ' Bwlch Aeddan ', cyfeilles iddi hi a chwaer i Ruth.

Llwyfannwyd y ddrama am y tro cyntaf yn Eisteddfod Bro Dwyfor 1975 gan Gwmni Theatr Cymru ac aed a hi ar daith gyda'r actorion hyn :

ANN THOMAS/GRIFFITHS	LISABETH MILES
THOMAS EVANS	GWYN PARRY
JOHN HUGHES	DYFAN ROBERTS
WILLIAM	STEWART JONES
EDWARD OWEN	GREY EVANS
SION THOMAS	HUW TUDOR
HUW MORYS	HUW CEREDIG
MALAN HUWS	SHARON MORGAN
RUTH EVANS	MENNA GWYN
LLANC	HUGH EDWIN
Cyfarwyddwr	NESTA HARRIS

SETIAU

Gellir defnyddio un set gyfansawdd ond er mwyn hwylustod cyfeirir at Set 1 ; Set 2 ; Set 3. Gwneir defnydd helaeth o olau ar gyfer amlygu set neu setiau fel bo'r galw a dileu'r lleill.

SET 1

Llain o dir gwyrdd efo wal gerrig neu ffens o'i gwmpas. Mae camfa yn y wal neu'r ffens. Yn y llain tir mae boncyff y gellir eistedd arno.

SET 2

Tafarn y Llan efo dodrefn syml, angenrheidiol. Mae dau agoriad i'r set—mynediad i'r dafarn ei hun ac i ystafell y tafarnwr yn y cefn.

SET 3

Cegin Penllys lle y cynhelir seiadau'r Methodistiaid. Mae'r dodrefn yn syml ond dylid cael bord a Beibl agored arni. Gellir defnyddio'r un set, ond newid dodrefn, ar gyfer Set 4— cegin Dolwar.

Gwneir defnydd o recordydd tâp i chwarae'r lleisiau ar ddiwedd yr ail ran a'r lleisiau a'r pennill o emyn ar ddiwedd y ddrama.

Mae'r ddrama mewn pum rhan a phob rhan yn cynnwys nifer o olygfeydd. Defnyddir yr un set gyfansawdd drwyddi a gellir trawsnewid yn rhwydd o un olygfa i'r llall. Mae'r chwarae'n digwydd mewn pum Gwanwyn.

RHAN 1 : GWANWYN 1796

RHAN 2 : GWANWYN 1797

EGWYL

RHAN 3 : GWANWYN 1799

RHAN 4 : GWANWYN 1800

RHAN 5 : GWANWYN 1805

CYMERIADAU

(Yn ôl trefn ymddangos)

ANN THOMAS

THOMAS EVANS—Y Curad

JOHN HUGHES

WILLIAM—Y Porthmon

EDWARD OWEN—Y Tafarnwr

SIÔN THOMAS—Brawd Ann

HUW MORYS

MALAN HUWS

RUTH EVANS

LLANC

———

Cyfyngais ar nifer y cymeriadau gan fod hynny'n achosi problemau weithiau. Fy newis i fyddai ychwanegu at rif y cwmni yn nhafarn y Llan (Set 2) a rhif y gynulleidfa yng nghegin Penllys (Set 3). Os yw'n bosibl, byddai chwyddo nifer y cymeriadau yn ychwanegu at yr awyrgylch.

GOLYGFA 1

(Mae'r llwyfan yn wag ac yn dywyll. Goleuir Set 1 yn unig. Clywir sŵn chwerthin o'r neilltu—chwerthiniad ysgafn merch a chwerthiniad trymach, gyddfol yn dilyn. Yna clywir sŵn traed yn dod ar redeg a sŵn traed trymion yn dilyn. Rhêd ANN THOMAS i lawr gydag ochr neu drwy ganol y gynulleidfa a daw gŵr mewn dillad curad, trwsgwl o gorff, ar drot ar ei hôl. Mae ANN THOMAS yn cael y blaen arno'n eitha rhwydd, yn cyrraedd y llwyfan, ac yn dringo'n ddi-ymdrech dros y gamfa. Mae yntau erbyn hyn wedi cyrraedd y llwyfan, gan chwythu a thuchan. Daw at y gamfa, a cheisio'i dringo. Â ANN ato a gafael yn ei law. Mae yntau'n colli'i gydbwysedd ac yn syrthio gan ei thynnu hi i'w ganlyn a'r ddau yn gorwedd yno dan chwerthin. Mae'r curad yn cael gafael ynddi'n wancus a'i chusanu a hithau'n amlwg yn mwynhau'r profiad. Yna mae'n symud oddi wrtho ac yn neidio ar ei thraed. Mae'n sefyll uwch ei ben, ei dwylo ar ei hochrau.)

ANN :   Thomas Evans—rhag eich cywilydd chi. Beth tase'r Methodistied yn eich gweld chi.
(T.E. yn chwerthin. Mae ei anadl yn fyr wedi'r sbloet o garu ac mae'n tagu ar ei chwerthin).

ANN :   *(Hithau'n chwerthin)* Rydech chi wedi'ch gwerthu'ch hun i'r diafol, Thomas Evans.

T.E. :   Na, na, Ann Thomas. Ŵyr y Methodistied ddim sut i fyw. Maen nhw'n diystyru rhodd bennaf Duw i ni.

ANN :   *(Yn chwareus)* A pha rodd ydy honno, Thomas Evans ?

T.E. :   Y cnawd, Ann, y cnawd. Y rhodd sanctaidd. A'n dyletswydd ni ydy mwynhau'r rhodd.

ANN :   (*Yn clapio'i dwylo*) Amen ! Dewch i ddawnsio, Thomas Evans.
(*T.E. yn ysgwyd ei ben*).

ANN :   (*Yn chwareus*) Ofn tân uffern ?

T.E. :   Na, na. Mae'r ysbryd yn barod, Ann, ond mae'r cnawd yn wan.

ANN :   Y cnawd eto ?

T.E. :   Y cnawd, Ann Thomas. Gogoniant Iddo.

ANN :   Gochelwch rhag y Methodistied, Thomas Evans.
(*Mae ANN yn dringo i ben y gamfa*)

ANN :   (*Yn araf a difrifol iawn*)
Methodistied creulon, culion,
Dwylo oer, wynebe hirion,
Sul pen mis yn wylo dagre
I foddi'r diawl ar Green y Bale.

T.E. :   (*Yn sur*) Thomas Edwards y Nant, mi wranta.

ANN :   Ddim o gwbl. Ann Thomas Dolwar Fechan a'i cant. Wyddech chi ddim eich bod chi yng nghwmni merch o athrylith ?

T.E. :   Rydech chi wedi'ch breintio, Ann Thomas, gorff a meddwl. Gwnewch yn fawr o'ch donie. Ydech chi'n barod i ddawnsio ?
(*Mae ANN yn neidio i lawr o'r gamfa, yn tynnu ei hesgidiau a'u taflu ac yn dechrau dawnsio. Mae'n mwmian canu iddi ei hun. Mae T.E. yn dechrau curo'i ddwylo*)

T.E. :   (*Yn galw*) Yn gyflymach, Ann—cyflymach. Dychmygwch eich bod chi yn Ffair Llanerfyl a miwsig y rowndabowt yn llanw'ch clustie chi.
(*Mae ANN yn rhoi'r gorau i ddawnsio ac yn mynd i eistedd ar y boncyff. Mae T.E. yn codi, gydag ymdrech fawr. Daw i eistedd ar y boncyff a chlosio ati. Mae ANN yn troi ei chefn arno ac yn gwisgo'i hesgidiau*)

T.E. :   'Dydech chi ddim allan o wynt, Ann Thomas ? Geneth ifanc fel chi, ac yn feddal yn ffrwythlon a gwaed coch, cynnes yn ffrydio drwy'ch gwythienne chi.

(*Mae T.E. yn ei thynnu'n flysiog tuag ato a hithau'n ei wthio i ffwrdd*).

T.E. : Rydech chi'n dibrisio'r rhodd fawr, Ann Thomas. Dewch—un ddawns eto. 'Does dim fel dawns am danio'r nwyde.

ANN : (*Yn surbwch*) Na, mae ar ferch angen partner cyn y gall hi ddawnsio. Un tal, gosgeiddig a bwrlwm yn i waed.
(*T.E. yn gollwng ei afael arni*).

T.E. : (*Yn filain*) Rhywun fel Huw Morys—efalle ?

ANN : (*Yn troi i'w wynebu*) Beth wyddoch chi am Huw Morys ?

T.E. : Mi glywes mai fo ydy tad plentyn siawns Dora Elen Neuadd Ddu.
(*Mae ANN yn codi'n wyllt*)

ANN : Na, 'dydy hynny ddim yn wir. A ddylech chi, fel gŵr Duw, ddim cymryd sylw o hen storïe budron fel 'ne.

T.E. : 'Dydw i ddim ond yn ail adrodd yr hyn glywes i, Ann Thomas. Ond mi weles i Huw Morys â'm llygaid fy hun, noson dawns Calan, yn anwesu Malan Huws ym muarth tafarn y Llan. Roedd llinynne i bodis hi ar agor a'i ddwylo mawrion o'n cwpanu i bronne gwynion hi . . .

ANN : (*Yn torri ar ei draws*) Fynna i ddim clywed rhagor, Thomas Evans. Ac mi liciwn i tase chi'n fy ngadel i rŵan.
(*Mae T.E. yn codi'n llafurus ac yn symud yn araf tua'r gamfa*)

T.E. : Ychydig eirie, wrth madel, i chi fyfyrio arnyn nhw, Ann Thomas. (*Yn llafar ganu*) Canys cariad sydd gryf fel angau ; eiddigedd sydd greulon fel y bedd ; ei farwor sydd farwor tanllyd a fflam angerddol iddynt.
(*Mae T.E. yn dringo'r gamfa yn araf*)

T.E. : (*O'r ochr arall i'r gamfa*) Da bo'ch chi, Ann Thomas.
A chofiwch fod drws eglwys Llanfihangel yn agored
i chi unrhyw amser.
(*Mae T.E. yn ymgrymu iddi cyn gadael, yn araf a
phwyllog, ei ddwylo ymhlyg y tu ôl i'w gefn. Fel y
mae T.E. yn diflannu mae ANN yn taro'i throed ar y
ddaear mewn tymer wyllt, yna'n ei thaflu ei hun ar y
glaswellt ac yn igian crio. Daw JOHN HUGHES i
mewn o gyfeiriad Dolwar. Mae'n dod at y llain, yn
dringo'r gamfa, ac yn croesi at ANN*)

JOHN : Nansi. Be' di'r mater, y fechan ?

ANN : Dim byd. Dos i ffwrdd.

JOHN : (*Yn dawel*) O'r gore.
(*Mae JOHN yn cychwyn cerdded yn ei ôl at y gamfa.
Mae ANN yn codi ar ei heistedd*)

ANN : (*Yn galw*) John. Mae'n ddrwg gen i. Tyrd i
eistedd ata i. (*Mae'n mynd i eistedd ar y boncyff ac yn
dangos lle iddo eistedd. Daw yntau'n ôl yn ufudd ac
eistedd gyda hi*)

ANN : Hen gnawes hunanol ydw i, John.

JOHN : Na. Braidd yn annoeth weithie falle.

ANN : Helpa fi i fod yn well.

JOHN : Rhaid i ti dy helpu dy hun yn gynta.

ANN : (*Yn dechrau ffromi*) A sut y gwna i hynny, dywed ?

JOHN : Mae'r ateb ynot ti dy hun, Nansi.

ANN : (*Yn chwareus*) Yno i, ddwedest ti ? Ym mha ran
ohona i, John Penfigin ? Falle mai ym modie fy
nhraed i—y gogles sy'n 'u gyrru nhw ar garlam ;
neu ym mwrlwm fy ngwaed i—y llanw mawr coch
sy'n curo yn erbyn mur fy nghnawd i ; neu'r
cnawd—ie, falle mai gan y cnawd y mae'r ateb.
Mae'r cnawd yn sanctedd, medde Thomas Evans
y curad.

JOHN : Mi gweles i o'n prysuro i lawr am Ddolanog.

ANN : Ac yn bustachu dros y poncie fel buwch gyflo, mi
wranta.

JOHN : Thomas Evans ddaru dy gynhyrfu di ?

ANN : (*Yn chwerthin yn uchel*) O, do, fe ddaru Thomas Evans fy nghynhyrfu i, ond fyddet ti ddim yn deall, 'y ngwas sanctedd i.

JOHN : Ond pam y dagre ?

ANN : Dagre ?

JOHN : Paid a gwadu. Mi clywes i di'n wylo.

ANN : Teimla ngruddie i, John.
(*Mae JOHN yn estyn ei law allan ond yn ei dal yn ôl cyn cyffwrdd â wyneb ANN*)

ANN : Oes arnat ti ofn teimlad y cnawd, John Penfigin ?
(*Mae ANN yn gafael yn ei law ac yn peri iddo deimlo'i gruddiau*)

ANN : Ydyn nhw'n llaith ?

JOHN : Na.

ANN : Mae'r dagre wedi sychu. Pwl o wendid y munud, dyna'r cyfan ; haul a chawod bob yn ail—dyna drefn natur. Ond 'does dim disgwyl iti allu deall peth felly. Rho dy glust ar y ddaear John.
(*John yn petruso mewn penbleth*)

ANN : (*Yn cymell*) Ie, dy glust.
(*Mae JOHN yn penlinio ar lawr ac yn rhoi ei glust ar y ddaear*)

JOHN : Wel ?

ANN : Be glywi di ?

JOHN : Dim.

ANN : Dyna sydd i'w gael o ddilyn y Methodistied. Mae'ch synhwyre a'ch nwyde chi'n sychu fel ffrydie Efyrnwy o ddiffyg glaw. Gwrando eto.
(*Mae JOHN yn dal ei glust yn erbyn y ddaear fel cynt. Mae'n ysgwyd ei ben*)

ANN : Dim ?

JOHN : Dim.

ANN : Wyt ti'n cofio Gwen Glan'rafon yn mynd i lan y môr —at i modryb, cnither i man ? Rhywle tu draw i Syswallt yr ath hi.

JOHN :   I'r Bermo.

ANN :   Ie, rwyt ti'n iawn. I'r Bermo (*oedi ar y gair*) O,
          mi leiciwn i gael gweld y môr John.
          (*Daw JOHN yn ôl i eistedd ar y boncyff efo ANN*)

JOHN :   Dos ymlaen â'th stori.

ANN :   Ble'r o'n i ?

JOHN :   Efo Gwen Glan'rafon yn y Bermo.

ANN :   O, ie. Wel, fe ddaeth hi a chragen gartre efo hi.
          Rho hi wrth dy glust, Nansi, medde hi. A dyna
          finne yn i dal hi yn nhwll 'y nghlust—a wyddost ti
          be John ?

JOHN :   Na wn i.

ANN :   Wn i ddim alla i egluro i ti. Roedd o'n brofiad
          mor—rhyfeddol.

JOHN :   O, Nansi.

ANN :   O, mi wn i mai am gragen yr ydw i'n sôn, ac nid am
          brofiade mawr y Gymdeithasfa. (*Yn ffromi*) Ond
          'does dim rhaid i ti wrando arna i.
          (*Yn troi ei chefn arno*)

JOHN :   Rydw i eisie gwybod.

ANN :   Wel, fel ro'n i'n i dal hi wrth 'y nghlust—mi allwn
          i i glywed o.

JOHN :   Clywed be ?
          (*ANN yn troi yn ôl i'w wynebu*)

ANN :   Y môr, y twpsyn. Nid yn unig i glywed o, ond i
          weld. Fi—na' dydw i erioed wedi bod yng ngolwg
          y môr—yn gallu i weld mor glir ag yr ydw i'n dy
          weld di'r munud 'ma. Roedd y bywyd mawr sydd
          ynddo fo wedi'i ddal yn y gragen fach honno.

JOHN :   A'r ddaear ? Yno y dechreuest ti.

ANN :   Yr un peth yn union. Pan fydda i'n rhoi nghlust
          yn i herbyn hi fe alla i glywed y bywyd sydd ynddi—
          curiad i chalon ; llif i gwaed ; cyffro'i nwyde hi.
          'Dwyt ti ddim yn 'y nghredu i. Ond sut y gallet ti ?
          Nid yn unig dy fod ti'n un o'r Methodistied, ond
          mae eisie merch i allu deall cyfrinach y ddaear.

(*Yn ysgafnach*) Rwyt ti'n dwp, John Penfigin. Ffei
arnat ti—a thithe'n athro yn ysgol Thomas Charles.
Fe alla i i theimlo hi ar 'y ngwadne i rŵan. Mae
pethe'n digwydd iddi na elli di mo'u hamgyffred.
(*ANN yn plethu ei breichiau ac yn cau ei llygaid fel pe'n
rhannu cyffro'r ddaear*)

JOHN : Wyt ti am Ffair Llangynog heno, Nansi ?
(*ANN yn agor ei llygaid yn araf ac yn ysgwyd ei phen*)

JOHN : (*Yn chwareus*) Be sy'n bod ? Ydy synhwyre
Nansi Dolwar yn dechre sychu fel ffrydie Efyrnwy ?

ANN : 'Dydy o ddim o dy fusnes di.

JOHN : Rwyt ti'n iawn. Ddylwn i ddim fod wedi gofyn.
Dim ond cellwer yr o'n i.

ANN : Ddylwn inne ddim bod mor filen 'y nhafod. Fe
wyddost gystel â minne be sy'n 'y nghadw i o
Langynog heno.

JOHN : Huw Morys ?

ANN : Mae o yn y cyffinie.

JOHN : Mi gweles i o'r bore 'ma.

ANN : Fe welest ti Huw ?

JOHN : Do, i lawr yn y Llan.

ANN : (*Wrthi'i hun*) Mor agos. I hun oedd o, John ?

JOHN : Na, roedd yno griw ohonyn nhw.

ANN : Pwy oedden nhw ?

JOHN : Wnes i ddim sylwi'n fanwl. Criw'r anterliwt
ddyliwn.

ANN : Oedd Malan Huws yn y criw ?

JOHN : (*Yn cadw'i wyneb ar dro oddi wrthi*) Falle i bod hi.

ANN : Edrych i fy llyged i, John. Oedd Malan Huws yn y
Llan y bore 'ma.

JOHN : (*Yn troi'n ôl ati*) Oedd.

ANN : Mae 'ne wir yn yr hyn ddwedodd Thomas Evans
felly.

JOHN : A dene achos y dagre ?

ANN : Falle.

JOHN : (*Yn gwylltio*) Ro'n i'n iawn. Y curad felltith 'ne oedd yn gyfrifol. (*Yn tawelu*) Mae'n ddrwg gen i.

ANN : Paid ag ymddiheuro, da ti. Mae'n dda gen i weld fod yna rywfaint o'r diafol ar ôl ynot ti. Hei—mae gen i syniad. Ddoi di i Ffair Llangynog efo mi ?

JOHN : Ar fy ffordd i seiat Penllys yr ydw i, Nansi ; wedi galw am Siôn dy frawd.

ANN : Fydd seiat Penllys fawr tlotach hebot ti am heno.
(*Mae ANN yn codi ar ei thraed ac yn rhoi ei llaw iddo*)

ANN : Mi awn ni i Langynog fraich ym mraich. Na, gwell fyth—fe gei di roi dy fraich am 'y nghanol i. Fel hyn wel'di.
(*Mae ANN yn gafael yn ei fraich a'i rhoi am ei chanol ac yn ei dynnu'n agos ati*)

ANN : A falle y pwysa i mhen yn d'erbyn di. Fel hyn . . .
(*Mae ANN yn pwyso'i phen yn erbyn ysgwydd John ac yntau'n cilio'n ôl yn wyllt*)

ANN : Losgest ti ? Fe allet ti neud efo mymryn o wres.
(*Yn llafar ganu*) Methodistied creulon, oerion/ Dwylo oer, wynebe hirion. O, dos atyn nhw.
(*ANN yn rhedeg at y gamfa ac yn dringo drosti*)

JOHN : (*Yn galw*) Ble'r wyt ti'n mynd, Nansi ?

ANN : (*Yn galw'n ôl o'r tu allan i'r gamfa*) I 'moddi fy hun, John Penfigin, os nad ydy'r dŵr yn rhy oer.
(*Mae ANN yn rhedeg allan i gyfeiriad Dolwar*)

JOHN : (*Yn galw*) Nansi. (*Yn uwch*) Nansi !
(*Mae JOHN yn symud at y gamfa ac yn sefyll yno yn syllu i gyfeiriad Dolwar. Yna mae'n croesi'r llain tir ac yn gadael y llwyfan. Tywyllir y Set.*)

(Goleuir Set 2 yn raddol. Daw William y Porthmon i mewn).

WILL : (*Yn galw*) Edward Owen.
(Daw EDWARD OWEN, y Tafarnwr, i mewn).

E.O. : Ti sydd 'na, William . . . Do'n i ddim yn disgwyl dy weld di'n ôl mor fuan, fachgen.

WILL : Siwrne fer y tro yma, Edward Owen. Dim ond i'r 'Mwythig.
(WILLIAM yn mynd i eistedd)

WILL : Tawel iawn ydy hi yma. Ble mae pawb ?

E.O. : Wedi mynd i weld y chware, William.

WILL : Ble heno ?

E.O. : Buarth Neuadd Ddu. Anterliwt newydd Huw Morys.

WILL : Mi glywes fod yna werthu mawr ar i faledi o yn Ffair Llangynog ddoe. Neuadd Ddu, ie ?

E.O. : Dyna ddwedes i.

WILL : Mi wyddost be maen nhw'n i ddeud am ferch Neuadd Ddu ?

E.O. : Gwrando ar bawb a chredu neb y bydda i, William.

WILL : Fo ydy'r tad medden nhw—Huw Morys. Fo fuo'n cnocio ar yr hwren fach yna sydd ganddyn nhw.

E.O. : Ro'n i'n deall i fod o'n canlyn Ann Thomas, Dolwar.

WILL : (*Yn chwerthin*) I chanlyn hi ddwedest ti ? Hy, fe allwn i ddeud peth affeth o hanes merch Dolwar wrthot ti.

E.O. : Rywdro eto, William.

WILL : Fe naet ti Gynghorwr Methodist iawn, Edward Owen. Falle fod arnat ti chwant cynnal cyrdde yma fel sy 'Mhenllys. Tyrd a chwrw imi reit sydyn. Mae hyd yn oed meddwl am y Pengrynied yn ddigon i sychu gwddw dyn.
(Â E.O. drwodd i'r cefn i nôl y cwrw. Daw ANN THOMAS i mewn)

WILL : Diawl, dyma hi ar y gair. Cywen fach Dolwar i hun.

(Daw E.O. yn ei ôl)

E.O. : Ara deg rŵan, William.

WILL : Nosweth dda, Ann Thomas.

ANN : Ac i chithe William.

*(ANN yn eistedd ar stol, bellter oddi wrth WILLIAM.
E.O. yn tywallt y cwrw)*

ANN : Mae hi'n sobor o wag yma, Edward Owen.

WILL : Wedi mynd i weld y chware maen nhw—ar
fuarth Neuadd Ddu. *(Yn slei)* Huw Morys yn
denu'r tyrfaoedd. Mae o'n eitha cyfarwydd â
sguborie Neuadd Ddu medden nhw i mi.

E.O. : Dyna ddigon, William.

WILL : Mae Ann Thomas a finne'n dallt ein gilydd, yn
dyden ni'r lodes ?

ANN : Os ydech chi'n deud, William.

(Mae WILLIAM yn symud yn nes ati, i eistedd ar y sgiw)

WILL : Tyrd i eistedd ata i ar y sgiw.

ANN : Rydw i'n iawn yma, diolch i chi, William.

WILL : Meddwl mod i'n drewi ie ? Y ? 'Does ene fawr o
harm mewn tail gwartheg, Ann Thomas.

ANN : Ddim o gwbl.

WILL : Fe glywch chi bobol yn deud am ddyn i fod o fel
anifel. Diawl, tase dynion yn debycach i 'nifeilied
mi fydde'r byd 'ma'n lanach lle. Dilyn 'u greddfe
mae 'nifeilied a ma' greddfe'n bethe eitha saff.
Ond nwyde dyn sy'n i arwen o. Pethe peryg ydy
nwyde, lodes.

E.O. : Ydech chi am ddiod i aros, Ann Thomas ?

ANN : Diolch, Edward Owen. Run fath ag arfer.

WILL : Mae nhw'n deud i mi mai dynion crefydd ydy'r
perycla o'r cwbwl.

E.O. : Lol botes, William.

(Â E.O. drwodd i'r cefn)

WILL : Mae crefydd yn chwipio'r teimlade wel'di. *(Yn
cadw cil ei lygad ar ANN)* Welest ti Elis Blaenafon
yn malu ewyn yn Ffair Llanerfyl wrth sôn am gael

i achub a ryw bethe felly ? Mi wn i i sicrwydd iddo fynd ar i union i'r Wern i gnocio ar Leusa. I nwyde yn i yrru o wel'di.

(Daw E.O. yn ei ôl efo'r diod i ANN)

WILL : Na, yn siwr i ti, Edward Owen, mwya o grefydd sydd gen ddyn, gwyllta'n y byd ydy i chwante. Ydech chi'n cytuno, Ann Thomas ?

E.O. : Rho'r gore i dy ffwlbri, William. Fe ddyle'r chware fod ar ddarfod bellach. Pam nad ei di i lawr Allt y Llan i'w cwarfod nhw ?

WILL : Ie, fe allwn i neud efo mymryn o wynt. Mae 'na ryw ogle sur yn y lle 'ma heno.

(Mae WILLIAM yn yfed gweddill ei gwrw, yn codi, ac yn croesi am y drws)

WILL : Ac nid ogle tail gwartheg mo'no fo chwaith.

(Mae WILLIAM yn gadael y llwyfan. E.O. yn tywallt diod i ANN)

E.O. : Mae'n ddrwg gen i 'ngeneth i. Ond fe wyddoch am William.

ANN : *(Yn ysgafn)* Gwn, mi wn i am William.

E.O. : Sut mae'r byd yn eich trin chi, ngeneth i ?

ANN : Yn weddol, Edward Owen. Fyny ar y pinacle weithie ; lawr yn y dyfnderoedd dro arall.

E.O. : Cerdded y gwastad y bydda i—chware'n saff.

ANN : Rydech chi'n ddyn doeth, Edward Owen. Mi geisies inne gadw nhraed ar y gwastad ond 'doedd dim yn tycio. Mae arna i ofn mawr weithie, Edward Owen.

E.O. : On'd oes arnon ni i gyd, mechan i. Peidiwch a gadel i William eich taflu chi. Mae golwg flinedig arnoch chi. Ewch i eistedd ar y sgiw tra cewch chi gyfle. Mi fydd y lle'n orlawn toc.

ANN : Ie, mi 'na i hynny.

(ANN yn croesi at y sgiw ac yn eistedd. Mae'r sgiw ar dro ac ANN o olwg cwmni'r dafarn. Mae E.O. yn gadael y llwyfan i'r cefn. Pylu'r golau ar Set 2)

*(Goleuir Set 3. Clywir lleisiau o'r tu allan yn galw ' Nos Da '.
Daw JOHN HUGHES Penfigin a SIÔN THOMAS, brawd ANN
i mewn).*

JOHN :   Seiat dda, Siôn.

SIÔN :   Roedd y gwlith yn drwm heno, John. Oes gent ti
funud wrth gefn ? Mi leiciwn i gael gair efo ti.

JOHN :   Wrth gwrs.

SIÔN :   Rydw i'n drwblus iawn fy meddwl.

JOHN :   Mae'n naturiol fod yr ofne'n dod, Siôn. Ryden ni
i gyd yn cael orie tywyll. Ond fe wyddon ni i ble
i droi am y gole.

SIÔN :   Nid f'ened i fy hun sy'n fy mhoeni i heno, gyfell,
ond ened fy chwaer i.

JOHN :   Nansi ? Mi wn i i bod hi'n rhemp am ffair a dawns,
ond mae hi'n ifanc, Siôn.

SIÔN :   Mae hi'n ugen oed.

JOHN :   Roeddet ti'n hŷn na hi pan gefest ti esmwythad.
Gâd iddi. 'Dydy Nansi ddim yn un i gael i gwthio.
Fe ddaw hi gan bwyll. Mae hi'n gallu gweld a
chlywed pethe na wyddon ni ddim am 'u bodoleth
wyddost.

SIÔN   *(Yn sur)* : Yn Ffair Llangynog ac yng ngwyl
Mabsant Llanfyllin.

JOHN :   Na, na. Yng nghrombil yr hen ddaear 'ma wel'di.
Fe 'nath imi orwedd â nghlust ar y ddaear yn y
llain fach . . .

SIÔN   *(Yn torri ar ei draws)* : Rydw i'n chwysu drosti.

JOHN :   Roedd hi am imi wrando. A wyddost ti be—allwn
i glywed dim.

SIÔN :   Dy blagio di roedd hi. Fe ddaw'r cellwer 'ma a hi
i brofedigeth ryw ddiwrnod.

JOHN :   Mi leiciwn inne allu cellwer weithie.

SIÔN : John ! 'Does gen i ond y parch mwya i ti. Samuel
Owen a tithe ddaeth a fi at grefydd. Allwn i byth
ddiolch digon i ti. Ond rwyt ti'n fy nychryn i.
Rwyt ti'n siarad fel ffeiriad.

JOHN : (*Yn chwerthin yn dawel*) Ryden ni'r Methodistied
yn rhy barod i ollwng dagre. Dene nghweryl i
efo'r hen bobol wel'di, ac mi rydw i'n ame mai
dene pam nad ydyn nhw'n barod i 'nerbyn i i
bregethu. Fe allen ni fel Methodistied neud yn
waeth na benthyca llyged a chlustie Nansi chi.
Wyt ti'n gwadu llawenydd yr Efengyl, Siôn ?
Gŵr ifanc, tanbed oedd ein Gwaredwr ni, ie ddim ?

SIÔN : Y gwas dioddefus—fu gynt o dan hoelion.

JOHN : Ac a atgyfododd mewn gogoniant. Mae o'n fyw,
Siôn. Beth all fod yn well na hynny ?

SIÔN : Mae gen i ofn fod Nansi'n moedro dy ben di.

JOHN : Glywest ti'r pennill wnaeth hi amdanon ni'r
Methodistied ?

SIÔN : Do, mi clywes i o.

JOHN : Rhaid i ti gyfadde i bod hi'n taro'r hoel.

SIÔN : Ddwedest ti mo hynny wrthi hi, siawns ?

JOHN : A thaenu mêl hyd i bysedd hi ? Chlywn i mo'r
diwedd. Ond mi leiciwn i weld Nansi Dolwar yn
eistedd yn fan'ma ar y fainc a'i llyged siriol hi'n
tanio drwy'r twllwch. Rydw i'n deud wrthot ti,
Siôn—unweth y gwêl Nansi chi'r gole fydd Metho-
distieth byth yr un fath wedyn.

SIÔN : *Os* y gwêl hi'r gole.

JOHN : Mi gwêl hi o, cred fi. Liciet ti ddarllen imi cyn
madel ? Mi fydd yn ymarfer da i ti.

SIÔN : Be fynni di ?

JOHN : Rydw i'n gadel y dewis i ti.
(*Mae JOHN yn eistedd a SIÔN yn croesi at y bwrdd
bach ac yn agor y Beibl sydd arno*)

SIÔN : Yn y daflod yr o'n i, yn isel f'ysbryd, ac yn troi'r
tudalenne pan weles i'r adnode 'ma. Fe roeson

nhw nerth imi.   Rydw i'n gobeithio gweld eu cyflawniad ryw ddiwrnod.

(*SIÔN yn dod o hyd i'r dudalen briodol, ac yn dechrau darllen—Job 6, 5-7* : ' Os tydi a foregodi at Dduw . . . dy gyfiawnder yn llwyddiannus.')

SIÔN :   (*Yn darllen*)   Er bod dy ddechreuad yn fychan, eto dy ddiwedd a gynydda yn ddirfawr.

JOHN :   Amen !

(*Mae SIÔN yn cau'r Beibl ac mae JOHN ac yntau'n gadael y llwyfan.   Tywyllu Set 3 yn llwyr.*)

GOLYGFA 4

(Cryfhau peth ar y golau yn Set 2. Daw E.O. i mewn o'r cefn efo gwydrau/mygiau a'u gosod ar y byrddau. Clywir sŵn traed a daw WILLIAM i mewn ar ruthr).

WILL : Mae hi'n ddydd barn a diwedd byd ar Domos Edwards y Nant, Edward Owen.

E.O. : *(Yn ddi-gyffro)* Roedd mynd ar y chware, William ?

WILL : Mi es i lawr i Neuadd Ddu gan nad oedd 'na olwg o neb. Weles i rioed y fath beth. Roedden nhw'n wyllt ulw, yn neidio ar 'u traed ac yn curo dwylo. Mae hi ar ben ar fardd y Nant, Edward Owen.

E.O. : *(Yn araf a gofalus)* Tybed ? Mae Tomos Edwards yn gallu i deud hi'n o arw, William.

WILL : Mae Huw Morys yn gallu i deud hi'n arwach. Ac mae o'n deall y merched yn well na bardd y Nant. Pethe digon salw ydy i ferched o, ond mae 'na afel ar ferched Huw Morys.
(Tra mae WILLIAM yn siarad daw HUW MORYS a MALAN HUWS i mewn. Mae HUW yn amneidio ar MALAN i fod yn dawel, yn cerdded o'r tu cefn i WILL-IAM ac yn taro'i law yn drwm ar ei ysgwydd.)

HUW : *(Yn uchel a bygythiol)* Be oeddet ti'n i ddeud am Huw Morys, y porthmon ?
(Mae WILLIAM yn troi yn wyllt.)

WILL : Huw Morys. Diawl, mae'n rhaid imi gael ysgwyd llaw efo ti, fachgen.

HUW : Mi welest ti'r Anterliwt ?

WILL : I gweld a'i chlywed hi—bob gair.
(E.O. yn crafu'i wddw'n awgrymog)

E.O. : Ble mae gweddill y cwmni, Huw Morys ?

HUW : Fe ddihangodd Malan a minnau dros y caee o'u blaene nhw.

WILL : Fe fydden yn chwilio'r lle amdanat ti, fachgen. Deud yr o'n i wrth Edward Owen 'ma rŵan i bod hi wedi darfod ar fardd y Nant.

25

HUW :   (*Yn chwerthin*) Wyt ti'n meddwl hynny, William ?
WILL :   Waeth iddo fo godi i draed ar y pentan rŵan
          ddim. Diawl, mi fydd o'i go'n ulw. Fedr y Nant
          ddim cymryd cweir, fachgen. Mi sgrifennodd bethe
          ffiedd am Gwallter Mechain.
HUW :   (*Yn chwareus*) Be oedden nhw, William ?
WILL :   Y ? (*Yn cagio*) Deud yr o'n i—be o'n i'n i ddeud,
          Edward Owen ?
E.O. :   Deud y bydd Tomos Edwards o'i go, William.
WILL :   O, ie. Mi fydd am dy waed di, fachgen. Wyt ti am
          lymed ?
HUW :   Eistedd di, William. Mi ges i ffair dda ddoe, yn
          do, Malan ?
          (*Â E.O. i nôl y diod. Mae HUW yn sefyll a MALAN
          yn mynd i eistedd efo WILLIAM ar y sgiw. Daw E.O.
          yn ei ôl efo'r diod. Mae HUW ac yntau'n eistedd*)
WILL :   (*Yn slei*) Rhaid i ti forol amdanat dy hun heno,
          Malan Huws.
MALAN :   Rydw i'n ddigon tebol, William.
WILL :   Tebol ? Wyt, ddyliwn. Deud yr o'n i wrth
          Edward Owen fod gafel da ar ferched Huw Morys.
          (*WILLIAM yn closio at MALAN ar y sgiw ac yn
          rhoi ei fraich amdani. Mae'n sibrwd yn ei chlust a'r
          ddau yn lolian felly tra mae HUW ac E.O. yn sgwrsio*)
E.O. :   Mae'n dda gen i drosot ti, Huw Morys.
HUW :   Ydy, mi wn i.
E.O. :   Mi leiciwn i fod wedi cael cyfle i weld y chware.
          Ond roedd Cadi a Sioned yno.
HUW :   Oedden, mi gweles i nhw. Mi gei'r stori i gyd cyn
          nos.
E.O. :   Be oedd gent ti heno ?
HUW :   Cri yn erbyn trais a gormes, Edward Owen. Er,
          wn i ddim faint ddallton nhw. Roedd 'ne ar y
          mwya o chwerthin.
E.O. :   'Dydy hyn ond dechre, Huw.
HUW :   Wn i ddim. Mae arna i flys yn y nghalon droi tua
          Llunden.

E.O. :   Llunden ? Be wyddost ti am y fan honno ?

HUW :   Fe synnet. Mae Lloegr yn dod yn nes aton ni o hyd
—rhwydweth o ffyrdd a moddion i'w teithio nhw.
Fe allwn ni symud allan ; gwella'n hunen. Mae
'ne gyment yn ein penne ni ag sydd yn mhene'r
Saeson unrhyw ddiwrnod. Ond rhaid i ni helpu'n
hunen, Edward Owen.

E.O. :   Rhaid, debyg iawn.

HUW :   Fe glywest ti am Rousseau ?

E.O. :   Hwnnw ydy'r apostol rhyddid dywed ?

HUW :   Ie, apostol rhyddid. Fe ddwedodd Rousseau—
'Fe aned dyn yn rhydd, ond ym mhobman mae
mewn cadwyne !' Ein cadwyne ni, Edward Owen,
ydy prisie uchel a chyfloge bychin ; trethi, stiw-
ardied a meistri tir yn gwasgu arnon ni, twrneiod
yn ein twyllo ni.

E.O. :   Ryden ni mewn cyni'n wir, Huw Morys.

HUW :   (*Yn cynhyrfu*) Ac mae'n bryd inni ddeffro. Fe
ddyle fod ganddon ni'r rhyddid i drafod ein
hachosion ein hunen a'r hawl i fyw ein bywyde ein
hunen. 'Dydy cwyno'n dda i ddim, Edward Owen.
Rhaid i ni neud rwbeth. Dene ydy drwg Tomos
Edwards o'r Nant—cwyno di-ddiwedd heb neud
dim.

WILL :   (*Yn torri i mewn yn chwareus*) A be nei di, Huw
Morys ?

HUW :   Wn i ddim eto. Ond mi fynna i neud rwbeth.

E.O. :   Bydd yn ofalus, Huw. Maen nhw'n deud i mi fod
Jac Glan y Gors wedi i chael hi'n o arw tua Llunden
'na. Be ydy i hanes o'r dyddie hyn, William ?

WILL :   Mae'r hen begor yn byw ar encil yng Nghymru
medden nhw, nes i'r storm dawelu.

HUW :   Mi fydd angen mwy na gormes y Llywodreth i
bylu'r ' Seren ' (*Yn ysgafnach*) Oes gent ti ddim
chwaneg o gwrw i'w gynnig inni, Edward Owen ?

E.O. :   Digonedd, Huw Morys.

(*E.O. yn codi ac yn mynd i nôl y jwg*)

HUW :   Heno, mi fynna i foddi 'ngofidie efo help y cwrw
           cryfa a'r ferch boetha ym Maldwyn.
           (*WILLIAM yn chwerthin yn awgrymog ac yn tynnu
           MALAN yn nes ato. Mae E.O. yn tywallt diod i bawb
           o'r cwmni a HUW MORYS yn yfed yn wancus. Mae'n
           sychu ei geg â'i lawes ac yn mynd i eistedd ar y sgiw
           arall. Mae'n camu'n ôl dan chwerthin ac yn eistedd bron
           ar lin ANN THOMAS*)
HUW :   (*Mewn syndod*) Yr argien fawr, mae'n ddrwg gen i
           pwy bynnag ydech chi. Rhaid iti gael gwell gole
           yma, Edward Owen. Falle y cei di beth ar fenthyg
           gan y Methodistied.
           (*WILLIAM yn chwerthin. Mae ANN yn codi oddi ar
           y sgiw ac yn sefyll yn wynebu HUW*)
HUW :   (*Mewn syndod*) Nan ! Wyddwn i ddim dy fod ti
           yma.
           (*Mae'r ddau yn sefyll yn syllu ar ei gilydd*)
HUW   (*Yn galw'n sydyn*) : Diod i Ann Thomas, Edward
           Owen.
ANN :   Na, rydw i'n gadel. Roedd hi'n dawel yma—
           mae'n rhaid fy mod i wedi mynd i gysgu.
WILL :   'Dydy sgiw tafarn y Llan mo'r gwely gore, Ann
           Thomas. 'Does ene ddim i guro tas wair greda i—
           meddal, cynnes, fel corff merch.
           (*WILLIAM yn gwasgu MALAN ato a hithau'n
           chwerthin*)
WILL :   Be ydech chi'n i ddeud ? Y ?
           (*Mae HUW ac ANN yn par'a i sefyll yn wynebu'i
           gilydd—y ddau yn amlwg o dan deimlad*)
E.O. :   Roedd yr Anterliwt yn llwyddiant mawr, Ann
           Thomas.
ANN :   Mi ddylwn dy longyfarch di. Mi glywes beth o'r
           sgwrs. Rwyt ti â dy wyneb tua Llunden felly
           Huw ?
HUW :   Mi fydda toc—gyda lwc.
ANN :   Gobeithio y cei di'r hyn yr wyt ti'n chwilio amdano.
HUW :   Dyna ngobeth inne.

28

MALAN :   Tyrd at dy gwrw ngwas i. Fydd na ddim ar ôl iti
unweth y daw'r Cwmni.
(*Mae ANN yn cychwyn allan*)
WILL :   (*Yn awgrymog*) Fynni di imi ddod i dy ddanfon
di'r lodes ? Mae yna aml i gefnen dywyll rhwng
yma a Dolwar. Mae hi'n hawdd iawn colli troed.
(*MALAN yn chwerthin. ANN yn anwybyddu William*)
ANN :   Nos da, Edward Owen.
E.O. :   Nos da i chi, ngeneth i.
ANN :   Nos da, Huw.
HUW :   Nan.
(*Mae ANN yn gadael. Mae HUW yn sefyll yno yn
syllu ar ei hôl. Daw MALAN i fyny ato a'i gusanu*)
HUW :   (*Yn troi'n ôl at y cwmni*) Diod i bawb, Edward
Owen. Ryden ni am dy yfed di'n hesb heno.
(*Tywyllir Set 2*)

(*Goleuir Set* 1 *yn raddol—awgrym o olau lleuad. Daw ANN i mewn. Mae'n dringo'r gamfa ac yn dod i eistedd ar y boncyff. Mae'n gwyro'i phen. Daw HUW MORYS i mewn a chroesi ati heb iddi sylwi*).

HUW : Nan.
     (*Mae ANN yn codi ei phen yn araf. Daw HUW i eistedd ati ar y boncyff*)

HUW : (*Yn dyner*) Tria ddeall, 'mechan i.

ANN : Rydw i *yn* deall. 'Dwyt ti ddim yn 'y ngharu i. Rwyt ti wedi gneud hynny'n ddigon clir. Mae pawb yn y cyffinie yn siarad amdanat ti a dy—ferched.

HUW : 'Dydw i ddim yn gwadu 'y mod i'n llawie ag un neu ddwy . . .

ANN : (*Yn torri ar ei draws*) Llawie ddwedest ti ?

HUW : Ti anfonodd fi ffwrdd, Nan. Mi geisies i egluro iti ond 'doeddet ti ddim am wrando.

ANN : Yr holl eirie y buost ti 'n 'u sibrwd wrtha i—ar nos o Fehefin ac arogle melys bwtsias y gog yn codi i'n penne ni ; Gwyl Mabsant a'n cyrff ni'n toddi i'w gilydd yn y ddawns. Yr holl eirie, Huw, a rheini'n golygu dim.

HUW : Na, 'dydy hynny ddim yn wir, Nan. Mae'r munude yn dy gwmni di yn felys, ac yn werthfawr.

ANN : (*Yn sur*) A sut y medrest ti gadw draw gyhyd ?

HUW : Mae gen inne 'malchder. Ond pan weles i di'n y Llan heno ro'n i'n gorfod ymladd â fi fy hun i gadw 'nwylo oddi arnat ti. Mi ddilynes di, gynted ag y medrwn i. Roedd gen i ryw deimlad mai yma y byddet ti.

ANN : A beth wnaiff y cwmni hebddot ti, dywed ?

HUW : Rydw i'n rhydd i fynd ble mynna i, Nan.

ANN : Rwyt ti'n rhoi pris uchel ar dy ryddid.

HUW : Dyna ragorfraint bob dyn. Y peth pwysica mewn bywyd.

ANN :   A beth am gariad ? ' Ym mhob dim sydd a bywyd
            ynddo.   Mae elfen cariad yn concwerio '—dyna
            ddeudodd Bardd y Nant.

HUW :   'Dydy Thomas Edwards ddim yn gweld ymhellach
            na blaen i drwyn. Rhaid i ddyn allu i barchu i hun
            a'i gyd-ddyn cyn y gall o garu'n llawn. Nan, mae
            'ne fyd mawr yn agor y tu draw i Syswallt. Pethe
            damniol ydy gwreiddie, yn dal dyn i lawr. Alla i
            ddim diodde hynny.

ANN :   'Does arnat ti mo f'isie i, felly ? Fe wnest i fy
            nwyde i gorddi. Roedd cariad yn llosgi y tu mewn
            imi fel marwor tanllyd. A rŵan, rwyt ti'n 'y
            nhaflu i heibio, fel hen hosan a thwll ynddi.

HUW :   Wnes i 'run addewid, Nan. Roedd 'na flas ar dy
            gwmni di. Ond mae cariad yn gyment cwlwm â
            gwreiddie. 'Dydw i ddim yn barod iddo fo. Mae
            arna i eisie gweld a chlywed—y tu draw i Lan-
            fihangel a Llanerfyl, y tu draw i Syswallt a'r
            Mwythig. Rydw i eisie casglu profiade, fel y bydd
            Malan Huws yn gwlana ar lethre'r Tŷ Mawr a
            Phenllys.

            (*ANN yn codi ac yn symud oddi wrtho*)

ANN :   Malan Huws ! A pha ran sydd iddi hi yn y byd
            mawr yr oeddet ti'n sôn amdano ?

HUW :   Mae Malan yn eitha bodlon os caiff hi i ' cheap gin '
            a'i sidane.

ANN :   Fyddi di'n sisial yn i chlust hi ?

HUW :   Bydda.

ANN :   Yr un geirie ag y byddet ti yn 'u sisial yn 'y nghlust
            i ?

HUW :   Yr un, ac eto'n wahanol.

ANN :   Hy ! Fel bardd, mae gen ti hawl i chware â geirie,
            debyg ?

HUW :   Fe ddylet ti wybod, Nan, y gwahanieth sydd 'na
            rhwng merch a merch. Ychydig mae Malan Huws
            yn i ofyn gen i . . .

ANN :   (*Ar ei draws*) A minne'n gofyn gormod. Dene ddwedest ti'r tro dwetha, ynte ? Dy gariad di—dene'r cyfan yr o'n i'n i ofyn.

HUW :   Fydde waeth iti ofyn am y lleuad ddim. Unweth y mae dyn yn rhoi ei gariad, mae o wedi rhoi ei hunan.

ANN :   'Does i minne, mwy na Malan Huws, ddim rhan yn dy fywyd di, felly ?
(*Mae HUW yn codi ac yn cerdded ati. Mae'n ei throi i'w wynebu*)

HUW :   Fynnwn i er dim a rhoi poen iti, mechan i.
(*Mae ANN yn ei hysgwyd ei hun yn rhydd*)

ANN :   (*Yn ceisio swnio'n ddi-hidio*) Poen ! Rwyt ti'n rhoi peth wmbredd o werth arnat ti dy hun, Huw Morys. Nid ti ydy'r unig un fu'n cnocio ar ferch Dolwar Fechan cofia.

HUW :   Mae'n dda gen i am hynny.

ANN :   Ydy, ddyliwn. Ysgafnu dy gydwybod, ie, fel y gelli di fynd a thaflu rhyw ferch arall ?

HUW :   Nan !
(*Mae HUW yn ceisio gafael ynddi ond mae'n symud oddi wrtho*)

ANN :   Roedd Gronwy Owen a'r Morisied yn llygad 'u lle yn gneud sbort ohonoch chi'r baledwyr a'r anterliwtwyr. ' All Sorry stuff ' medden nhw.

HUW :   Falle na 'dydy dysg Gronwy Owen a'r Morisied ddim ganddon ni, ond ryden ni'n ceisio deffro'r werin i feddwl drosti'i hun. Mae hi'n deall ein hiaith ni. Ryden ni'n nes ati na'r Cymrodorion. Ryden ni'n ymdrechu, Nan. Mae gen i rwbeth i'w ddeud, rydw i'n sicir o hynny. Rydw i eisie cael allan beth ydy o a pha un ydy'r ffordd ora i'w ddeud. Ac alla i ddim gneud hynny heb symud allan.

ANN :   Rwyt ti at dy ryddid, Huw Morys. Fe gei ddeud be fynni di, ond iti gymryd y canlyniade. Cyhoedda'r gwir—nes bod Mynydd Dolwar yn rhwygo fel brethyn brau a dŵr Efyrnwy yn chwipio'n un rhaeadr ewynnog. Ond dos o 'ngolwg i i'w ddeud o.

HUW : Nan, alla i mo dy adel di fel'ma. Mae gen i feddwl y byd ohonot ti'r fechan. Rho amser imi.

ANN : Mi ro i fyd o amser iti, Huw Morys.

HUW : Mi fydda i'n ôl, Nan.

ANN : Fe gei neud fel y mynnot ti. Ond paid a disgwyl 'y nghael i'n dy aros di. Falle fod 'y ngwreiddie i'n ddwfn yn yr wtra a'r comin ond 'dydy nhraed i ddim wedi'u clymu hyd yma ac mae fy llyged a nghlustie i'n llydan agored.
(HUW yn gwneud ymdrech arall i afael ynddi)

HUW : Nan, ga i gusan cyn madel ? Ga i gario dy flas di efo mi ?

ANN : *(Yn troi i'w wynebu)* O, na, Huw Morys. Os wyt ti am flas, dos at Malan Huws. Fe fydd hi'n fodlon rhoi mwy na'i gwefuse iti.
(Mae HUW yn troi ar ei sawdl ac yn gadael yn frysiog. Mae ANN yn pwyso yn erbyn y gamfa yn igian crio)

ANN : O, Huw, be wna i hebot ti ?
(Mae'n dringo'r gamfa ac yn rhuthro allan i gyfeiriad Dolwar. Tywyllir Set I yn llwyr.)

(Gellir cael egwyl fer yma).

GOLYGFA 1

(*Goleuir Set* 1. *Daw SIÔN i mewn. Mae'n eistedd ac yn gorffwys ei ben ar ei ddwylo. Clywir sŵn traed yn agosau. Mae SIÔN yn codi'n gyflym. Daw WILLIAM heibio ar ei ffordd i Ddolwar.*)

WILL : Nosweth dda, Siôn Thomas. A sut mae'r byd yn dy drin di ?

SIÔN : Yn ôl fy haeddiant, William. Chwilio amdana i yr oeddet ti ?

WILL : (*Yn chwerthin*) Pa fusnes alle fod rhyngot ti a fi ?

SIÔN : All neb byth ddeud, William.

WILL : Falle dy fod ti'n meddwl 'y mod i'n dechre gwyro tuag at Fethodistieth ?

SIÔN : Mae popeth yn bosibl. Mae gobeth i'r pechadur mwya.

WILL : Dyna ydw i, ie—pechadur ? Mae'n dda i ddyn wybod ble mae o'n sefyll—neu'n syrthio, ynte ? A sut mae Ann Thomas y dyddie yma ? Ryden ni'n gweld i heisie hi yn nhafarn y Llan.

SIÔN : Fydd hi ddim yn dod yno eto.

WILL : O, felly. Pwy sy'n deud ?

SIÔN : Rydw i'n deud, William.

WILL : Peth peryg ydy ateb dros rywun arall, Siôn Thomas.

SIÔN : Mae ar bawb angen arweiniad.

WILL : Mi glywes fod y fechan wedi bod yn cwyno'n arw. Hireth am yr hen gwmni falle.

SIÔN : Y crydcymale oedd yn i blino hi, William. Mi ddaw, rŵan fod y gaee drosodd.

WILL : Ie, wel, gobeithio wir. Mi â i am y tŷ. Falle y ca i gyfle am sgwrs fach efo hi.

SIÔN :   'Dydy hi ddim o gwmpas.

WILL :   Biti. Ro'n i'n meddwl y gallwn i godi peth ar i
           chalon hi.

SIÔN :   Gâd ti lonydd iddi hi, William.

WILL :   Wyt ti'n 'y mygwth i, llanc ?

SIÔN :   Dim ond—cynghori.

WILL :   O, ie, mae'r Methodistied yn rhai da am gynghori.
           Rwyt ti'n credu fod gent ti ateb i bopeth on'd wyt ?

SIÔN :   Nid gen i mae'r ateb, William, ond gen un llawer
           mwy na fi.

WILL :   Ie, siwr. 'Dwyt ti'n ddim ond ci defed i'r meistr.
           Fedra i ddim deud 'y mod i'n edmygu i ddewis o o
           gŵn. Da bo'ch di, Siôn Thomas.

SIÔN :   Mi ddo' i efo ti at y tŷ.

WILL :   (*Yn chwerthin*) I gadw golwg arna i, ie ? Fel y
           mynnot ti.
           (*Mae'r ddau yn mynd allan i gyfeiriad Dolwar. Daw
           ANN a JOHN i mewn o gyfeiriad arall. Mae ANN
           yn cerdded yn araf a musgrell.*)

ANN :   O, mae hi'n braf cael symud allan eto, er mor
           fusgrell ydw i.

JOHN :   Fe ddoi di gan bwyll rŵan ond iti beidio disgwyl
           gormod ar unweth. Beth ydy'r holl sôn yma am
           fynd i Lanfyllin, Nansi ?

ANN :   Meddwl y leiciwn i gael newid bach, dyna'r cyfan.

JOHN :   Yn wniadwreg ?

ANN :   Ie, pam lai ?

JOHN :   Ond 'dwyt ti fawr o law efo dy nodwydd. Ar dy
           fysedd di y bydd y brodwaith, ac nid ar y defnydd.
           Beth ydy'r dynfa i Lanfyllin, o ddifri ?

ANN :   Mae Siân yn byw yno on'd ydy ?

JOHN :   'Dydy dy chwaer a tithe ddim yn siarad yr un iaith.
           A beth wnaiff dy dad a Siôn a minne ?

ANN :   Rwyt ti'n treio gneud imi deimlo'n euog.

JOHN :   Falle mod i. Ond dim ond eisie iti gymryd pwyll yr
           ydw i, chwilio dy galon.

ANN :   Rydw i wedi i chwilio hi, John. Rydw i'n sobor o
         ddigalon wel'di.
JOHN :   Mi wn i hynny. Ryden ni i gyd yn boenus yn dy
         gylch di. Ond a ydy Llanfyllin yn mynd i setlo
         pethe.
ANN :   Wn i ddim. Ond mae'n rhaid imi neud rwbeth.
JOHN :   Paid a digio—ond fe leiciwn i iti ateb un cwestiwn
         imi—ai symud tuag at Lanfyllin yr wyt ti, ynte
         dianc oddi wrth rwbeth ?
ANN :   Wn i ddim am beth wyt ti'n sôn.
JOHN :   Huw Morys falle ?
ANN :   Mae pethe wedi oeri rhwng Huw Morys a minne ers
         blwyddyn a rhagor. Prun bynnag, mae o wedi
         gadel am Lunden.
JOHN :   Ti wŷr.
         (*Daw'r ddau at y gamfa*)
ANN :   Wnei di fy helpu i drosodd, John ?
         (*Mae JOHN yn ei helpu*)
ANN :   Flwyddyn yn ôl, fe allwn i neidio dros hon. Yn
         boeth y bo'r hen grydcymale 'ma. Mae o fel
         gefynne am fy nghnawd i. Mi fydda i'n meddwl
         weithie mai cosb arna i ydy o am fy amal bechode.
JOHN :   Pechode ?
ANN :   Maen nhw'n troi fel haid o wenyn o'm cwmpas i.
         Fedra i ddim cael 'u gwared nhw.
         (*ANN yn eistedd ar y boncyff*)
JOHN :   Meddwl am y dawnsio a'r ffeirie wyt ti ?
ANN :   Hynny, a chwaneg. Y byd ofer, gwag y bûm i'n
         swmera drwyddo fo.
JOHN :   Mae ar ddyn angen y dyddie gweigion wel'di,
         Nansi. Thâl hi ddim petai pob dydd yn llawn.
         Ryden ni'n gyfoethocach o fod wedi profi tlodi.
         Mae arnom ni angen ienctid—tymor diofalwch,
         cân a dawns.
ANN :   Ond mae arna i hireth amdano fo, John. Pan
         glywa i fiwsig dawns fe fydd fy nhraed i'n aflonyddu

er gwaetha'r cryd a phopeth ; pan wela i gorff ystwyth, gosgeiddig, fe fydd fy nwyde i'n dân. John, mi ofynnes i unweth iti fy helpu i i fod yn well.

JOHN : Yn yr union fan yma. Roedd hi'n wanwyn fel heddiw.

ANN : Roedd hi'n wanwyn arna inne. Fe wnes i iti roi dy glust ar y ddaear. Wyt ti'n cofio ?

JOHN : Ydw'n iawn. Chlywes i ddim byd.

ANN : A minne'n dy wawdio di.

JOHN : Nid gwawd. Cellwer diniwed.

ANN : Na, gwawd. Rydw i'n cofio meddwl gyment cryfach o'n i na ti ; gyment mwy byw i bethe. Roedd corff y ddaear a nghorff inne'n un, y ddau ohonyn nhw'n un bwrlwm poeth o fywyd. Drwy'r ha a'r hydre mi fedres fyw i'r diwrnod ; rhodio law yn llaw efo'r ddaear a thynnu o ore'n gilydd. Mi fedres ymladd pob siom a chodi uwchlaw pob gofid. Ond dene'r ddaear yn dechre gwywo, a minne'n gwywo efo hi. Pan oedd y llyn bach o dan rew roedd 'na geunen ohono dros 'y nghalon inne. Ro'n i'n para i feddwl—ryden ni'n un, y ddaear a minne. Ond mi wnes i un camgymeriad mawr.

JOHN : Beth oedd hwnnw, Nansi ?
(*Daw JOHN i eistedd ati ar y boncyff*)

ANN : Mi anghofies, wel'di, mai marw i fyw y mae'r ddaear ; nad ydy i gwanwyn hi ond un ymysg miliyne. Fe ddaeth i haul hi i gracio rhew y llyn bach ond chyrhaeddodd o mo nghalon i. Mae hi'n para 'n aee arna i, John, ond mae hi'n wanwyn bendigedig arni hi. Rydw inne yn i chasau hi am i bod hi gyment cryfach na mi.

JOHN : Nansi, beth ydy dy boen di ? Oes na rwbeth alla i neud ?

ANN : Rhaid i mi fy helpu fy hun meddet ti.

JOHN : Mae hynny'n berffeth wir. Ond mi fedra i roi clust iti, Nansi, os bydd hynny o help. Mae cael deud pa mor drwm ydy'r baich yn help weithie i allu i ddwyn o. Oes a wnelo Llanfyllin rwbeth â dy boen di ?

ANN : Mi es i gapel Pen y Dref—y Pasg, pan o'n i'n aros efo Siân.

JOHN : Capel y Sentars ?

ANN : Ie. Dianc yr o'n i rhag mynd i'r wylmabsant gan eu bod nhw'n chware Anterliwt Huw Morys yno. Mi glywes ganu, a fedrwn i ddim madde iddo fo. Braidd yn llugoer oedd pethe ar y dechre, ond fe gododd 'ne ryw ŵr ar ei draed. Mi ddalltes wedyn mai'r Parch. Benjamin Jones oedd o.

JOHN : O Bwllheli. Pregethwr grymus medden nhw i mi.

ANN : Roedd o'n wahanol i bopeth glywes i gynt. Roedd o'n siarad efo mi, wyddost ti, John, nid heibio imi fel y bydd y ffeiried. Roedd o'n gneud imi deimlo mod i'n cyfri, nid 'y nghorff i, ond rwbeth y tu mewn imi nad oes gen i 'run enw arno fo.

JOHN : (*Yn dawel*) Ac mi gest—droedigeth ?

ANN : Mi weles wrthuni'r pethe oedd yn mynd â fy mryd i ; mi benderfynes fod yn wahanol. Fedri di alw hynny'n droedigeth ? Ro'n i bob amser yn credu fod troedigeth yn codi dyn ac nid yn i daflu.

JOHN : Rwyt ti'n isel, Nansi fach.

ANN : Yn y gwaelod, John.

JOHN : A dyna pam rwyt ti am fynd yn ôl i Lanfyllin. At y Sentars ?

ANN : Mi ges ddiddanwch yno unweth.

JOHN : Oes 'na bwrpas mewn gofyn iti ddod i'r cyrdde, Nansi ?

(*ANN yn ysgwyd ei phen yn negyddol*)

JOHN : Dim ond dod ac eistedd. Mi wna i'n siwr na fydd i neb myrryd efo ti.

ANN : (*Yn bendant*) Na, John.

JOHN : (*Yn dawel*) Ti ŵyr.

(*ANN yn codi ac yn sefyll wrth y boncyff*)

ANN :   Mi fûm i'n dawnsio yma i Thomas Evans y curad,
        yn fy ngwanwyn i. Taset ti'n gweld i lyged gwancus
        o, yn fy nadwisgo i. A minne'n i gymell o. Mae'r
        corff yn sanctedd, medde fo. Peidiwch a dibrisio'r
        Rhodd Fawr, Ann Thomas ! Mae nghnawd i'n oer
        fel marmor heno a fedrwn i ddim dawnsio petaet
        ti'n cynnig maddeuant parod i'm holl bechode i.
        (*Mae JOHN yn codi ac yn sefyll efo hi*)
JOHN : Fe ddaw pethe'n well, Nansi.
ANN :   (*Yn anobeithiol*) Ddon nhw ?
        (*Daw WILLIAM y Porthmon i mewn. Mae'n sefyll
        pan wêl ANN a JOHN*)
WILL : Neis iawn. Ie, neis iawn, wir.
ANN :   Nosweth dda, William. Be ddaeth a chi i Ddolwar ?
WILL : Busnes efo'ch tad Ann Thomas.
ANN :   Pa fusnes ydy hwnnw ?
WILL : Efo'ch *tad*, Ann Thomas.
ANN :   Edward 'y mrawd sydd wedi'ch anfon chi ?
WILL : Mi ges air efo Edward, rhowch o fel'na. Un odieth
        o glên ydy Edward Thomas. (*Yn slei*) Effro i
        bethe'r byd yma.
JOHN : (*Yn ddig*) Paid ti a moedro pen Siôn Ifan Thomas
        efo'r hen syniade gwirion 'ma am amaethyddiaeth
        newydd.
WILL : (*Yn dod at y gamfa*) John Hughes ynte ? O
        Benfigin ?
JOHN : (*Yn gwta*) Ie.
WILL : Maen nhw'n deud eich bod chi'n mynd o gwmpas y
        wlad yn holi pobl ynghylch cyflwr 'u heneidie.
        Diwedd annwyl, rydech chi'n mentro'n arw.
        (*Yn chwerthin, yn wawdlyd*)
ANN :   'Dydy o ddim ond yn gneud i waith, William.
WILL : Pa waith ydy hwnnw ?
ANN :   Gwas yr Arglwydd ydy John Hughes, fel yr ydech
        chi'n was i ffermwyr cefnog Maldwyn. Gydag un
        gwahanieth, William—na 'dydy John Hughes
        ddim yn cael tâl am i lafur.

LL :   (*Yn slei*) Ond fe wnewch chi'n siwr, Ann Thomas,
          eich bod chi'n gneud i fyny am y diffyg hwnnw.

JOHN :   (*Yn fygythiol*) Gwylia dy dafod, gyfell.

WILL :   Cyfell ! 'Does gen i'r un cyfell ymysg y Pengrynied.
          Rhowch y bywyd naturiol i mi bob tro, John
          Hughes. Da bo'ch chi'ch dau. A chofiwch be
          ddwedes i am ddynion crefydd, Ann Thomas.
          (*Mae WILLIAM yn cerdded i ffwrdd dan chwibanu*)

ANN :   Mae o wedi dy darfu di, John. Un bras, annystyr-
          iol ydy William. P'run bynnag, pwy sy'n cymryd
          sylw o longe Sbaen ?

JOHN :   Llawer gormod o bobl, Nansi. Maen nhw'n barod
          i gredu bob math o storïe celwyddog am y byd
          mawr y tu allan. Mae'r werin yn aflonyddu, wel'di.

ANN :   Falle na 'dydy hynny ddim yn ddrwg i gyd.

JOHN :   Be ti'n feddwl ?

ANN :   'U bod nhw'n aflonyddu, yn sylweddoli angen ac
          yn ceisio'i ddiwallu o . . .

JOHN :   (*Yn torri i mewn*) Mae'r moddion i'w ddiwallu o
          ganddon ni, Nansi—ym Mhenllys, yng nghapel
          Pont Robert, yn y Gymdeithasfa yn y Bala.
          (*Mae ANN yn cychwyn cerdded at y gamfa*)

JOHN :   Diolch iti, Nansi.

ANN :   Am be, John ?

JOHN :   Am sefyll o 'mhlaid i gynne.

ANN :   Os nad ydw i'n un o'r teulu ym Mhenllys mi wn i
          dy fod ti'n teimlo i'r byw dros yr Achos. Rwyt ti'n
          agos iawn at 'y nghalon i, John. Tyrd, mi leiciwn
          i fynd am dro i'r mynydd.

JOHN :   Fedri di i gerdded o, Nansi ?

ANN :   Mi â i i fyny ar 'y mhenglinie os bydd raid.
          (*Mae JOHN yn dringo'r gamfa gyntaf ac yn ei helpu i
          lawr. Mae'n ei dal felly am eiliad fel pe ar ddweud
          rhywbeth, yna'n ail feddwl ac yn ei gollwng. Mae
          hithau'n estyn ei llaw iddo a'r ddau yn gadael y llwyfan.
          Tywyllir Set* 1 *yn llwyr*)

41

(*Goleuir Set* 2. *Daw MALAN HUWS a THOMAS EVANS i mewn. Mae T.E. yn ceisio gafael ynddi a hithau'n ymateb yn chwareus*).

T.E. :   Beth am gân, Malan Huws ?

M.H. :   O'r gore, Thomas Evans. (*Yn gostwng ei llais*) Oes 'na rywun yn gwrando ?
    (*T.E. yn syllu o'i gwmpas yn ffwndrus*)

T.E. :   Pam ydech chi'n gofyn, 'merch i ?

M.H. :   Chi pie'r gân, a neb arall.
    (*T.E. yn gwenu'n foddhaus*)

M.H. :   (*Yn canu*)

> Blin yw caru yma ac acw,
> Blin bod heb y blinder hwnnw ;
> Ond o'r blindere, blinaf blinder,
> Cur annifyr, caru'n ofer.
>
> Caru 'mhell, a charu'n agos,
> Newid cariad bob pythefnos,
> Er hyn i gyd ni all fy nghalon
> Lai na charu'r hen gariadon.
>
> Aelwyd serch sydd rhwng fy nwyfron,
> Tanwydd cariad ydy'r galon ;
> A'r tân hwnnw byth ni dderfydd,
> Tra parhao dim o'r tanwydd.

    (*T.E. yn curo'i ddwylo*)

T.E. :   Bendigedig, Malan Huws. Mae Duw wedi'ch breintio chi 'ngeneth i. Y fath gyfoeth o lais a'r fath ysblander o gnawd.
    (*T.E. yn gafael ynddi a'i gwasgu*)

M.H. :   (*Yn cymryd arni ddychryn*) Eich llyged chi, Thomas Evans !

T.E. : Fy llyged i ? Beth sydd o'i le ar fy llyged i ?
M.H. : Weles i rioed y fath lyged poeth.   Maen nhw'n
deifio'r cnawd, Thomas Evans.
T.E. : (*Yn chwyrnu*) Y ?
(*Daw E.O. i mewn o'r cefn.   Mae MALAN yn am-
neidio arno ac yn dangos y drws ac yntau'n nodio arni*)
M.H. : Liciech chi imi ganu i chi eto, Thomas Evans ?
(*T.E. yn chwyrnu cytundeb*)
M.H. : Llymed bach i ddechre falle ?
T.E. : Mm ?   O, ie, wrth gwrs.   ' Cheap gin ' i Malan
Huws, Edward Owen.   (*Yn slei*)   A digon ohono fo.
(*Mae E.O. yn edrych allan i gyfeiriad y stryd*)
E.O. : Mae Powel y clochydd yn ymdroi y tu allan,
Thomas Evans.   Chwilio amdanoch chi falle ?
T.E. : Yn boeth y bo'r dyn.
(*Mae T.E. yn codi'n drafferthus*)
T.E. : Mi fydda i'n ôl, Malan Huws.
(*T.E. yn mynd allan*)
M.H. : Cymer d'amser, Thomas Evans.   (*Yn chwerthin*)
(*Daw WILLIAM i mewn*)
WILL : 'Dydy'r hen begor rioed wedi cael cratsiad yn barod.
E.O. : Powel y clochydd, William.
WILL : O, mi wela i.   Rwyt ti'n llawn stumie, Malan Huws.
Oedd yr hen Dwm Ifan yn rhy boeth iti ?
M.H. : Mae'n well gen i nynion yn dene ac yn galed,
William.
E.O. : Cwrw William ?
(*Mae WILLIAM yn nodio.   E.O. yn tywallt diod iddo*)
WILL : Mi allwn i yfed Efyrnwy heno.
E.O. : Diwrnod trwm ?
WILL : Eitha.   Newydd fod i fyny yn Nolwar Fechan yr
ydw i.
M.H. : (*Yn chwareus*)   Yn cnocio ar Ann Thomas ?
WILL : Ro'n i wedi chware â'r syniad.   Ond roedd 'na
rywun wedi cael y blaen arna i. (*Dim ateb*)   Wel,
ydech chi ddim am ofyn pwy ?

E.O. : Os wyt ti'n mynnu, William.

WILL : Y Methodist—John Hughes, Penyfigin.

E.O. : Llawie ydyn nhw.

WILL : Llawie. Chreda i fawr. Feder Ann Thomas, Dolwar ddim madde i bâr o lodre, hyd yn oed rŵan a hithe wedi'i hachub.

E.O. : Wedi'i hachub ? Ble clywest ti hynny, William ?

WILL : Digwydd 'u clywed nhw'n siarad wnes i. Mae hi wedi cael troedigeth medde hi—yn Llanfyllin tua'r Pasg.

E.O. : Troedigeth ? Ar f'engoch i. Dene pam nad ydy hi'n dod yma felly. At bwy yr aiff hi, tybed ?

WILL : At y Sentars medde hi—i Lanfyllin.

E.O. : Dier, dier.

WILL : Glywest ti, Malan ?

M.H. : Mi glywes i.

WILL : Be feddyli di ?

M.H. : Mae nhw'n deud fod dyn ar foddi'n fodlon estyn am frwynen.

WILL : (*Yn ddi-ddeall*) Y ? Rydech chi wedi sobri'n arw, Edward Owen.

E.O. : Meddwl yr o'n i—lwcus fod Thomas Evans wedi'n gadel ni. Dene Siôn Thomas wedi troi at y Methodistied ac Edward Thomas yn moedro efo'r Amaethyddiaeth Newydd. A rŵan, dene Ann Thomas a'i hwyneb tua'r Sentars. Dier, dier, a Siôn Ifan Thomas yn un o'r wardenieid.

WILL : Mae teulu Dolwar yn mynd rhwng y cŵn a'r brain, Edward Owen.

E.O. : Wel, pawb at y peth y bo, dene fydda i'n i feddwl.

WILL : Rydech chi'n llyged eich lle, Edward Owen. Rhyddid, fel y bydde Huw Morys yn i ddeud. Be ydy i hanes o rŵan, Malan Huws.

M.H. : Mi wyddost gystal â minne.

WILL : Yn creu cynnwrf yng nghalonne merched Llunden, ddyliwn. Sawl bastard bach adawith o ar i ôl yno, tybed ? Oes arnat ti ddim hireth amdano'r lodes ?

M.H. :   Hireth ? 'Dydy Malan Huws ddim yn credu mewn
gwisgo'r un dillad yn rhy hir.

WILL :   Roedden nhw'n deud fod Ann Thomas yn crio'i
llyged allan wedi i Huw Morys fadel.

E.O. :   Pam y gnae hi hynny, William ?

WILL :   On'd oedden nhw'n glos iawn ar un adeg, on'd
oedden, Malan Huws ?

M.H. :   Paid a gofyn i mi.

E.O. :   Mae gen i feddwl uchel o ddawn Huw Morys ond
credu yr ydw i y galle Ann Thomas roi i golygon yn
uwch.

WILL :   Choelia i.   Hen hwren fach ydy Ann Thomas,
Dolwar fel y merched i gyd.

E.O. :   William !

WILL :   A wnaiff i—throedigeth—hi run iot o wahaniaeth,
marcie di 'ngeirie i. 'Dydy troi at y Sentars na'r
Pengrynied na neb arall ddim yn mynd i oeri
nwyde merch Dolwar.

E.O. :   Rydw i'n synnu atat ti, William, yn siarad fel'na.

WILL :   Pw. Rwyt ti'n llawer rhy sanctedd, Edward Owen.
A synnwn i ddim nad gwlith y Methodistied ydy
hanner y cwrw 'ma chwaith.
(WILLIAM yn yfed gweddill ei gwrw)

WILL :   Tyd Malan Huws .

M.H. :   I ble'r awn ni, William ?

WILL :   I chwilio rhyfeddode natur y lodes.
*(MALAN yn chwerthin. Mae WILLIAM yn rhoi ei
fraich amdani ac yn ei harwain allan. Mae E.O. yn
gadael y llwyfan i'r cefn. Tywyllir Set 2 yn llwyr)*

(Goleuir Set 3 fel y mae SIÔN, JOHN HUGHES a RUTH EVANS yn cerdded i mewn. Mae Ruth a John yn eistedd ar y fainc a Siôn yn mynd at y bwrdd bach lle mae'r Beibl. Mae'r tri ohonyn nhw'n gostwng eu pennau ac yn gweddio'n ddistaw)

SIÔN : Rydw i'n deall fod chwaneg i ddod, pan ddon nhw i ben â'r aredig. Ydech chi am 'u haros nhw, gyfeillion.

JOHN : 'Does wybod pryd y don nhw. Mae teulu Pant Glas yn hau aceri o wenith 'leni. Fe ddechreuwn ni, Siôn Thomas, os ydy'r cwmni'n cytuno.
(Pawb yn dangos cytundeb. Mae SIÔN yn mynd ar ei liniau wrth y bwrdd ac yn mynd i weddi)

SIÔN : O, Dduw, ryden ni yma heno i fawrygu d'enw mawr di.

PAWB : Amen.

SIÔN : Falle fod y cwmni'n fychan ac yn anheilwng iawn ohonot ti, ond mae diolchgarwch lond ein c'lonne ni am iti, yn dy fawr gariad tuag atom ni, bechaduried, ymweld â ni drwy dy Fab ar ben Calfaria.

RUTH : Diolch Iddo.

SIÔN : Ryden ni'n erfyn arnat ti, O Dduw, ar iti agor llyged a chalonne ein brodyr a'n chwiorydd ni fel y gwelan nhw wrthuni 'u ffyrdd a'u rhoi 'u hunen at dy fawr drugaredd di.

JOHN : Ie, ie.

RUTH : Bendigedig fyddo enw'r Arglwydd.

SIÔN : Bydded i'r Ysbryd Glân dywallt i drugaredd arnon ni yn yr oedfa hon a'n codi ni o wagle colledigeth. Amen.

PAWB : Amen.
(SIÔN yn codi ar ei draed)

SIÔN : Falle y gnewch chi ein harwen ni ymhellach, y chwaer Ruth Evans.

RUTH : Gwêl bechadures ger dy fron, O Dduw, yn erfyn am
dy drugaredd.   Golch fi yng ngwaed yr Oen ;
llanw f'ened i â diddanwch yr Ysbryd Glân.

      O, sancteiddia f'ened, Arglwydd,
      Ym mhob nwyd ac ym mhob dawn,
      Rho egwyddor bur y nefoedd
      Yn fy ysbryd llesg yn llawn—
      N'ad i'm grwydro
      Draw nac yma fyth o'm lle.

*(Mae JOHN HUGHES yn taro'r dôn a'r cwmni'n
canu'r pennill.   Cedwir y golau arnynt am ychydig
eiliadau, yna ei ddileu'n araf)*

GOLYGFA 4

(Goleuir Set 1 â golau gwan fel un lleuad. Daw ANN i mewn. Mae'n dringo'r gamfa i'r llain tir ac yn eistedd ar y boncyff. Clywir canu yn y pellter. Mae'n troi ei phen i'w gyfeiriad, yna'n gorchuddio ei chustiau â'i dwylo ac yn gwyro ei phen. Mae Set 2 erbyn hyn wedi ei thywyllu'n llwyr. Difa'r canu. Cyflwyno'r lleisiau a ganlyn ar dâp).

T.E. :   Rydech chi wedi'ch breintio, Ann Thomas, gorff a meddwl.

HUW :   Rhyddid—dene ragorfraint bob dyn, Nan.

T.E. :   Gwnewch yn fawr o'ch breintie.

HUW :   Rhaid i ddyn allu i barchu i hun a'i gyd-ddyn cyn y gall o garu'n llawn.

WILL :   Rhowch y bywyd naturiol i mi bob tro, John Hughes.

HUW :   Mae gen i rwbeth i'w ddweud, rydw i'n sicir o hynny.

J.H. :   Mae'r moddion i ddiwallu'r werin ganddon ni, Nansi. Tyrd efo mi i Benllys.
    (ANN yn neidio ar ei thraed)

ANN :   *(Yn uchel a chynhyrfus)* Na ! Na !

HUW :   Tria ddeall 'mechan i.

ANN :   'Dydw i ddim yn deall. O, Dduw, agor fy llyged i. Rho gyfeiriad a phwrpas i 'mywyd i. Rho'r ateb i mi.
    (Cyflwyno'r lleisiau eto, ond yn llawer cyflymach)

T.E. :   Y cnawd, Ann Thomas.

JOHN :   }
SIÔN :   } Methodistieth.

M.H. :   Cheap gin.

E.O. :   Chware'n saff.

HUW :   *(Yn uwch)* Rhyddid i bob dyn.
    (Mae'r lleisiau yn tawelu. Mae ANN yn mynd ar ei gliniau ar y glaswellt)

ANN :   (*Yn dawel ond yn hyglyw*)
        Pechadur aflan yw fy enw,
        O ba rai y penna'n fyw.
        (*Mae'n aros ar ei gliniau. Gwanhau'r golau ar Set* 2
        a'i chwyddo ar Set 3)

JOHN :   Gyfeillion, yden ni'n i dderbyn o ?

PAWB :   Yden.

JOHN :   Ac yn rhoi'n pwyse arno ?

RUTH :   O, yden.

JOHN :   Mi af ymlaen.

RUTH :   Yn nerth y nef, John Hughes.

JOHN :   Tua'r paradwysedd dir, Ruth Evans. Cyn madel, gawn ni ganu emyn William Williams sy'n gofyn am nerth a chynhalieth yn y tir diffeth. Deud y mae o, gyfeillion, i fod o am ymddiried, am anturio, am fynd ymlaen—doed a ddelo. Dene'n gobeth ninne.

SIÔN :   Ie, ie.

RUTH :   Diolch Iddo. Bendigedig fyddo'i enw.
(Mae JOHN HUGHES yn taro'r dôn a'r cwni'n canu)

> Tyred Iesu i'r anialwch
>   At bechadur gwael ei lun,
> Ganweth ddrysodd mewn rhyw rwyde—
>   Rhwyde weithiodd ef ei hun ;
> Llosg fieri sydd o'm cwmpas
>   Dod fi i sefyll ar fy nhraed ;
> Moes dy law ac arwen drosodd
>   F'ened gwan i dir ei wlad.

(Goleuo Set 1 â golau gwan, fel cynt. Mae ANN yn par'a ar ei gliniau ond yn ystod y pennill nesaf mae'n codi'n araf a llafurus ac yn mynd allan)

> Ar dy allu rwy'n ymddiried,
>   Mi anturiaf, doed a ddel
> Dreiddio drwy'r afonydd dyfnion
>   Mae dy eirie oll dan sêl ;

Fyth ni fetha a gredo ynot,
    Ni bu un erioed yn ôl ;
Mi â mlaen, a doed a ddelo
    Graig a thyle, ar dy ôl.

E G W Y L

GOLYGFA 1

(Goleuir Set 2 ond mae'r golau'n wan a chegin y Dafarn mewn cysgodion. Nid oes yno ond EDWARD OWEN, yn mynd o gwmpas ei orchwylion. Daw gŵr ifanc i mewn).

HUW :   Dydd da, Edward Owen.
(E.O. yn rhythu arno yn y llwyd olau)

E.O. :   Rhoswch chi rŵan—ydw i i fod i'ch nabod chi ?

HUW :   'Dwyt ti rioed wedi colli nabod ar hen ffrind. Gâd inni symud yn nes at y ffenestr.
(Mae HUW ac E.O. yn symud i gyfeiriad y ffenestr)

HUW :   *(Wrth symud)* Mi ddwedes i, on'd do, Edward Owen, y gallet ti neud efo mwy o ole yma.

E.O. :   Ac y cawn i beth ar fenthyg gan y Methodistied. Huw Morys ! Ar f'engoch i, 'does dim angen gofyn sut mae'r byd yn dy drin di. Mae golwg lewyrchus arnot ti, fachgen.

HUW :   A sut mae Cadi a Sioned ?

E.O. :   Ar i fyny Huw Morys. Dal i ddilyn y chware. Maen nhw wedi mynd tua Llanfyllin heddiw—i weld Anterliwt newydd Tomos Edwards.

HUW :   Mae'r Nant yn par'a i sgrifennu, felly ?

E.O. :   Ac mor llym i dafod ag erioed.

HUW :   Mae gen inne Anterliwt newydd, Edward Owen

E.O. :   Go dda, fachgen. Oes 'na obeth inni i gweld hi ?

HUW :   Fe fydd hi ar werth yn Ffair Llanerfyl. Ac rydw i'n gobeithio cael cwmni at i gilydd yn barod i'w chware hi yno. Wyt ti'n meddwl 'u bod nhw'n barod amdana i, Edward Owen ?

E.O. :   Fe allen nhw neud efo dipyn o ddifyrrwch. Rhwbeth i godi mymryn ar 'u clonne nhw.

HUW :   Rydw i'n gobeithio gneud mwy na hynny, Edward
        Owen. Rydw i'n nelu at agor 'u llyged a'u meddylie
        nhw.

E.O. : Rwyt ti wedi bod i ffwrdd yn hir, Huw Morys.

HUW :   Dwy flynedd.

E.O. : Megis deufis i ti, falle. Roedd cynheua'r llynedd
        yn ddrwg, yn odieth o ddrwg—fe gaethon ni
        lawogydd mawr wel'di. Mae treth y tlodion wedi
        dyblu, mae na rei dege'n chwaneg ar y plwy ;
        mae'r milisia wedi bod yn pressio eto . . .

HUW :   (*Yn torri i mewn*) A minne'n mwynhau fy hun tua
        Llunden, ie, Edward Owen ?

E.O. : Ddwedes i mo hynny.

HUW :   Ond dene oedd ar dy feddwl di, gyfell. 'Dydw i
        ddim yn dy feio di. Ond ychydig o bleser ges i,
        crêd fi. Yma ym Maldwyn yr oedd 'y nghalon i,
        wel'di, os oedd 'y nhraed i ar dir Lloegr. Mi
        ddysges i gryn lawer am hireth creulon yn ystod y
        ddwy flynedd. Dyma i ti bennill o 'mhrofiad i—
            Mae yn Llunden ddynion celfydd,
            Mae yn Llunden pob llawenydd,
            Mae yn Llunden ffisigwrieth,
            Rhag pob dolur ond rhag hireth.

E.O. : Rwyt ti gartre i aros, felly ?

HUW :   Gartre ydy'r gair. Falle fod gwreiddie'n clymu,
        ond mae'n rhaid i ddyn wrth angor. Mae gen i
        beth wmbredd o gynllunie, wel'di.

E.O. : Gobeithio na chei di mo dy siomi, fel y cest ti yn
        Llunden.

HUW :   O, 'doedd Llunden ddim yn siom i gyd. Mi weles
        bethe'n digwydd, Edward Owen, fydde'n ddychryn
        i ti a William y Porthmon, heb sôn am y Pengrynied.
        Mae dylanwad Chwyldro Ffrainc wedi cerdded i
        Loegr. Mae bri ar ' Hawlie Dyn ', Tom Paine.
        Mae o'n rhoi pwys mawr ar grefydd dynolieth.

E.O. : Be ydy ystyr peth felly, Huw Morys ?

HUW : Y dyle fod pob dyn yn cael hawl i fyw ; ein bod
ni i gyd yn frodyr i'n gilydd.

E.O. : Rwyt ti'n siarad fel un o'r Methodistied.

HUW : Pw ! Y Pengrynied ! Yn moedro'u penne am
gadwedigeth yr ened heb gofio fod ar y corff angen
cynhalieth. Fe fydde gwell siâp ar 'u heneidie nhw
tae nhw'n cael mwy o fwyd yn 'u bolie. Ond pam
mae hi mor dawel yma, Edward Owen ? Ydy'r
Llan i gyd wedi troi at y Pengrynied ?

E.O. : Mi ddon. Mae rhai yn Llanfyllin.

HUW : Wrth gwrs.

E.O. : Ond mae hi'n wacach nag y buo hi. Mae'r gwlith
yn drwm ar seiade Penllys medden nhw i mi.
Mae'r Methodistied wedi ennill tir er pan ymunodd
Ann Thomas â'r cwmni.

HUW : Pwy ddwedest ti ?

E.O. : Ann Thomas, Dolwar Fechan. Fe gafodd hi
droedigeth yn Llanfyllin—sbel yn ôl bellach. Mi
fuo pethe'n o arw arni yn y dechre. Roedd hi'n isel
i hysbryd ac yn wannedd i chorff. Mi gwelodd
Cadi hi'n llefen y glaw ar i ffordd i eglwys Llan-
fihangel. Ond fe aeth i gapel Pontrobert i wrando
Ishmael Jones.

HUW : (*Yn wawdlyd*) Ac fe welodd hi'r gole ?

E.O. : Fe welodd rwbeth. Diawc unweth, 'does 'na fawr
er pan ydw i'n cofio'i gweld hi'n dawnsio yn ffair
Llangynog. Efo ti roedd hi, Huw.

HUW : Ie, efo mi. Mae Ann Thomas yn ddawnsreg dan
gamp.

E.O. : *Roedd* hi'n ddawnsreg, Huw Morys.

HUW : Rwyt ti'n gorliwio pethe, Edward Owen.

E.O. : Ddim o gwbl. Ro'n inne'n gyndyn o gredu ar y
dechre. Mi wyddost amdana i—gwrando pawb a
chredu neb. Ond roedden nhw i gyd yn dod a'r un
stori. Mae hi'n sgrifennu hymne hefyd medden nhw.

HUW : Hymne ?

E.O. : Am brofiade ysbrydol a phethe felly. Pwy fase'n
        meddwl a hithe mor ffond o fyw. Wyt ti am lymed,
        Huw ?
HUW :   Na, dim diolch. Mae'n rhaid i mi fynd.
E.O. : Ond newydd gyrredd wyt ti fachgen. Ac mi fydd
        Malan Huws a'r cwmni yma gyda hyn. Elli di
        ddim gadel heb 'u gweld nhw.
HUW :   Mi fydda i'n ôl.
        (*Mae HUW yn gadael. Tywyllir y Set yn llwyr*)

(Goleuir Set 1.   Daw ANN a RUTH a JOHN i mewn.   Mae Ann yn ymddangos yn llawen ac yn llawn bywyd)

ANN : Allwn i ddim meddwl am aros o dan do ar ddiwrnod fel heddiw.   Falle y tynna i fy sgidie fel y galla i deimlo'r ddaear ar fy ngwadne.

RUTH : Meistres !

ANN : *(Yn chwareus)*   Fy sgidie ddwedes i, Ruth, nid fy nillad.
(Mae ANN yn dringo'r gamfa'n rhwydd ac yn neidio drosodd i'r glaswellt.   Mae ANN a RUTH yn eistedd)

ANN : Rho glun i lawr, John, os nad oes dim yn galw.
(Mae JOHN yn eistedd ar y boncyff)

ANN : Glywest ti rwbeth o hanes John Pendugwm ?

JOHN : Mae o'n dal i aros am ateb o'r Gymdeithasfa Genhadol yn Llunden.

ANN : Lle'r wyt ti'n meddwl yr aiff o, John ?

JOHN : Môr y De, debyg.

RUTH : Dier, dier—o Bendugwm i Fôr y De.   Rhyw le anwaredd iawn sydd yn y fan honno, meistres bach.

ANN : Gobeithio y caiff o ateb yn fuan.   Does 'ne fawr o drefn ar y dysgu y dyddie yma, mi wranta.   'Does gan John Pendugwm fawr o amynedd mwy na minne.
(Mae ANN yn agor y Beibl sydd ganddi ac yn ei roi i orffwys ar ei glin)

JOHN : Mi â i os wyt ti am ddarllen.

ANN : Na, aros di.   Mae o 'i gyd wedi'i sgrifennu ar lech 'y nghalon i, wel'di.   Ond rydw i'n leicio i gael o efo mi.   Wyt ti'n meddwl y bydd Edward 'y mrawd yn hapus yn i briodas, John ?

JOHN : Wela i ddim rheswm pam.

ANN :   Ie, mae hi'n eneth fach weithgar. Ond ofni yr
        ydw i i bod hi'n rhy wantan i gadw trefn ar Edward
        ni. Mae 'na duedd wyllt ynddo fo, wel'di, fel yn i
        chwaer. Dier bach, mi fydda i'n meddwl mewn
        sobrwydd weithie am yr hwyl fydden i'n i gael.
        Y troi meddw ar y rowndabowt yn ffair Llan-
        gynog a'r gwynt yn codi fy sgert i a hen hogie
        powld yn chwibanu.
RUTH : Ddylech chi ddim siarad fel'ne, meistres.
ANN :   Tybed, Ruth ? Roedd John yn deud wrtha i
        unweth nad ydy bod yn ieuanc ddim yn bechod—
        fod ar bawb angen tymor diofalwch.
RUTH : Rydw i'n synnu atoch chi, John Hughes.
        (*JOHN yn gostwng ei ben*)
ANN :   Rwyt ti'n siarad yn union fel Siôn 'y mrawd, Ruth.
RUTH : Mae Siôn eich brawd yn un o'r goreuon.
ANN :   Oes arnat ti i ffansi o ?
RUTH : (*Yn ddig*) Meistres !
JOHN : Rho heibio dy gellwer, Nansi.
ANN :   Rwyt tithe'n mynd yn rêl hen fursun yn dy henent,
        John Penfigin. Wnaiff o ddim drwg i Ruth Evans
        gael i gogles fymryn.
        (*ANN yn codi'n sydyn ac yn taflu ei breichiau i'r awyr*)
ANN :   O, mi allwn i ddawnsio heddiw.
RUTH : Duw a'n gwaredo ni. Mi fydd yn edifar ganddoch
        chi, meistres, fod mor anystyriol.
ANN :   Beth sydd o'i le mewn dawnsio, dywed ? Mynegiant
        o lawenydd ydy o.
RUTH : Fe fydde'r tade Methodistedd yn troi yn 'u bedde
        o'ch clywed chi'n siarad fel'ne. A nhwthe wedi
        ymdrechu mor galed i ddod a gole i lyged y werin
        fel 'u bod nhw'n gweld 'u pechode. Pleser y cnawd
        ydy dawnsio a 'does 'na ddim lle ar affeth y ddaear
        i bethe felly. Ydech chi wedi anghofio athrawieth
        bardd y Nant ?
        ' A dyma'r porth cyfyng mae gafael y bywyd

Sef marweiddiad gweithredoedd y cnawd drwy'r
ysbryd,
A dysgu Croes Crist, egwyddor crefydd
Yn ysgol râd y creadur newydd.'

ANN : Wyddwn i ddim dy fod ti'n edmygydd o'r Nant,
Ruth.

RUTH : Mae'i afel o ar y pethe tase fo'n morol ati i sgrifennu
hymne yn lle'r anterliwtie gwirion 'na.

ANN : Fe ddylet ti 'nelu am y weinidogeth. Mae'n hen
bryd iddyn nhw dderbyn merched i mewn. Mae
merched yn gallu gweld ymhellach na'r dynion—
ymhellach ac yn ddyfnach.

JOHN : Ac yn deall cyfrinach y ddaear.

ANN : Rwyt ti'n cofio hynny ? Mi ddylies fy mod i wedi
colli gafel arni wel'di. Mi sonies wrthot ti, yn do,
John, am y gaea oedd o'm mewn i ?

JOHN : Do. Y ddaear yn paratoi at wanwyn arall a'r
geunen rew yn para'n glo ar dy galon di.

ANN : Y fath boen ! 'Doedd poen y crydcymale yn ddim
wrth hwnnw. A'r anobeth yn cnoi o'r tu mewn imi
fel dwsin o lygod bach yn gwancio am gosyn o gaws.
Wyddwn i ddim ble i droi.

RUTH : Roedd y drws yn agored i chi, meistres.

ANN : Oedd, Ruth, mi roedd y drws yn agored. Ac mi
allwn i weld i wyneb siriol O yn 'y ngwahodd i ato.
Ond ro'n i'n gyndyn o anturio. Roedd y pethe
oedd y tu arall i'r drws mor ddierth. 'Dwyt ti ddim
yn nabod ofne, Ruth. Fe fydda i'n deffro weithie
drymder nos, yn foddfa o chwys a'm hysbryd i
wedi'i lethu'n llwyr gan feddylie am ange a thra-
gwyddoldeb, ac yn dy gael di'n cysgu'n dawel.
Ond mae rhywun yn ddiogelach o fod wedi nabod
ofne fel y mae o'n gyfoethocach o fod wedi profi
tlodi. Wyt ti'n par'a i gredu hynny John ?

JOHN : (*Braidd yn gyndyn*) Ydw. Ond symud ymlaen sydd
eisie, Nansi. 'Does 'na ddim amser i edrych yn ôl.

ANN : Ond fedra i ddim ysgwyd y gorffennol i ffwrdd yn llwyr, John. Wn i ddim ydw i eisie gneud hynny.
(*Mae JOHN yn codi ac yn cychwyn am y gamfa*)

JOHN : Mae arna i ofn na wnei di byth Galfin da, Nansi, ond rwyt ti'n eitha Cristion. Mi â i i'r tŷ i gael sgwrs efo dy dad. Synnwn i ddim nad fo fydd y nesa i weld y gole.

RUTH : Mi ddo i efo chi, John Hughes, i baratoi at ginio, Fyddwch chi'n iawn, meistres ?

ANN : Ro'n i'n byw cyn dy weld di, wyddost ti. (*Yna, wrth weld RUTH yn ffromi*) Bydda, yn berffeth iawn. Ond paid ag ymdroi gormod.
(*Mae RUTH yn codi ac yn dilyn John Hughes*)

ANN : (*Yn galw ar eu holau*) Rydech chi'n gneud pâr del, ydech wir.
(*Mae ANN yn plethu'i breichiau ac yn mwytho'i hysgwyddau â'i dwylo. Daw HUW MORYS i mewn o'r tu cefn iddi a rhoi ei freichiau amdani. Mae ANN yn pwyso'n ôl ac yn cau ei llygaid. Yna'n araf, mae'n troi i wynebu HUW*)

ANN : Fe ddoist ti'n ôl Huw Morys.

HUW : Mi ddwedes i y down ni.

ANN : Do. Ac rydw i yma, lle gadawest ti fi. Wyt ti am eistedd ?

HUW : Mae yna groeso imi, felly ?
(*Mae HUW yn eistedd ar y boncyff*)

ANN : Rydw i'n falch o dy weld di. Rwyt ti wedi llenwi— yn fwy o ddyn rywsut.

HUW : (*Yn bryfoclyd*) Ydw i'n ddigon o ddyn i ti, Ann Thomas ?

ANN : Mae pethe wedi bod yn digwydd er pan est ti i ffwrdd, Huw.

HUW : Felly ro'n i'n dallt. Cneua gwael, rhagor ar y plwy, gormes y Milisia. Mae hi'n awr dywyll ar y werin.

ANN : I'r gwrthwyneb, Huw. Mae hi'n awr ryfeddol o ole. Mae seiade Penllys mor orlawn fel bod yn rhaid symud i gapel Pontrobert.

HUW :   Mi glywes fod y Pengrynied yn ennill tir.
ANN :   Mae hynny'n berffeth wir.
HUW :   Ond 'does 'na ddim gwir yn y si dy fod ti'n un ohonyn nhw ?
ANN :   Nid si ydy o.
HUW :   Cellwer rwyt ti.
ANN :   Nage, Huw.
HUW :   Ond . . . mae'r peth yn wrthun. Sut y gallet ti fod yn un o'r Pengrynied ?
ANN :   Rydw i *yn* un ohonyn nhw.
HUW :   (*Braidd yn ddirmygus*) Ac yn sgrifennu hymne, medde nhw, fel Pantycelyn.
ANN :   Yn sgrifennu hymne, ie, ond ddim fel Williams. Mi wnes i ddechre ar un yn fy ngwely neithiwr. Ro'n i wedi bod yn darllen y Caniade cyn mynd i gysgu. Ac mi ddeffres yn foddfa o chwys, a'r geirie'n melltenu drwy 'mhen i.
HUW :   (*Yn torri i mewn*) Felly y bydda inne. Gâd imi glywed.
ANN :   Ond 'does gen ti ddim diddordeb mewn hymne.
HUW :   Mae gen i ddiddordeb yn yr un sy'n 'u canu nhw. Sut mae o'n mynd ?
ANN :   (*Yn swil*)

    Rhosyn Saron yw ei enw,
      Gwyn a gwridog, teg o bryd,
     Ar ddeng mil y mae'n rhagori,
      O wrthryche penna'r byd.

Dyna'r pella es i. Mae 'na ragor i ddod. Cha i ddim gorffwys nes imi i gorffen hi rŵan.
HUW :   Ond cân serch ydy honna.
ANN :   Rwyt ti'n iawn. Cân serch ydy hi.
HUW :   Pwy ydy dy gariad newydd di ? ' Teg o bryd,' meddet ti. 'Dydy o mo John Hughes, Penyfigin felly. Na Thomas Evans y Curad.
ANN :   'Dwyt ti ddim yn deall, Huw.
HUW :   Wyt ti am i briodi o, dywed ?

ANN :   Debyg iawn, os y cymer o fi. Mae'n destun syndod
        imi fod un mor fawr ac un mor berffeth wedi i roi i
        hun yn wrthrych serch i greadures mor wael â mi.

HUW :   Rydw i'n rhy hwyr, felly ?
        (*Mae HUW yn codi ac yn symud ati*)

HUW :   Dywed pwy ydy o, Nan. Pwy sydd wedi cymeryd
        fy lle i yn dy galon di ?

ANN :   Ti dy hun ddaru gilio o nghalon i, Huw. Ond mi
        fydda i'n fythol ddiolchgar iti am neud lle iddo Fo.

HUW :   'Dydw i ddim am ildio mor hawdd. Mi ymladda i
        o, hyd waed, os oes angen. Fedra i ddim gneud
        hebot ti, Nan. Fe awn ni ymlaen efo'n gilydd, wel'di
        —y ti'n ysbrydieth i mi, minne'n gysgod i tithe.

ANN :   Elli di byth mo'i ymladd o, Huw. Mae o mor gry,
        wel'di—all na stormydd nac ymchwydd tonne'r
        môr byth mo'i daflu. Ond nid yn i gorff y mae'i
        gryfder o. Mae hwnnw'n ole ac yn feddal, yn
        llawn tosturi a chariad.

HUW :   Rwyt ti wedi i dala hi'n o ddrwg, Nan. 'Does na
        ddim gobeth felly ?

ANN :   Dim gobeth o gwbwl. P'run bynnag, fe fydde hi'n
        dri yn erbyn un.

HUW :   Y nefoedd fawr, 'dwyt ti erioed yn codlan efo tri
        ar unweth ?

ANN :   Y Drindod Sanctedd, Huw—Y Tad a'r Mab a'r
        Ysbryd Glân. Ond efo'r Mab y mae 'niddanwch i.

HUW :   Wyt ti'n colli arnat dy hun, dywed ? Maen nhw'n
        deud fod 'na beth affeth o Bengrynied yn darfod yn
        y Bedlam.

ANN :   Falle mod i'n wallgo, Huw. Mi fues i'n gweddio
        am y cariad fydde'n chwalu drosta i fel tonne ar
        draeth ond feddylies i ddim y cawn i byth gariad
        fel hwn.

HUW :   Wyt ti'n siwr mai nid am John Hughes Penyfigin
        yr wyt ti'n sôn ? Mae o'n hel o dy gwmpas di ers
        blynydde.

ANN :   Mae John Hughes wedi rhoi llunieth i fy meddwl a
fy ened i ; wedi rhoi'r Cymun Bendiged i mi
ganweth drosodd. Ond dyn ydy John Hughes er
mor sanctedd ydy o. Mae hwn yn ddyn a Duw—
Duw yn ddyn a dyn yn Dduw—mi fydd raid imi
ganu am hynny.
*(Daw HUW ati. Mae'n penlinio wrth ei hochr ac yn
gafael yn ei llaw)*

HUW :   Nan, rydw i wedi dod gartre. Mae gen i rwbeth i'w
ddeud wrth werin Cymru ac mi wn i beth ydy o
rŵan. 'Rydw i eisie llenwi 'u llyged nhw â'r gole
a chynne tân yn 'u calonne nhw. Mae gen i'r
moddion i'w gwella nhw, Nan.

ANN :   Mae'r feddyginieth wrth i draed O.

HUW :   Mae gan bob dyn hawl i fyw, Nan. Roedd y
Chwyldro Ffrengig yn gofyn am ryddid a chydradd-
oldeb a brawdgarwch. Mae gan gŵn hela'r meistri
tir fwy yn 'u bolie nag sydd gan werin Cymru. Mi
glywes i'r Saeson oedd wedi ymweld â Chymru yn
sôn am yr hyn oedden nhw yn 'u galw'n ' natives '.
'Roedden nhw'n cael sbort fawr wrth ddeud am y
' wretched hovels ' yr oedd y Cymry'n byw ynddyn
nhw. 'Ryden ni'n gyff gwawd, Nan.

ANN :   Mae'r llwybre'n eirwon, Huw.
(Mae HUW yn closio ati ac yn gafael ynddi)

ANN :   Helpa fi, Nan, i greu Cymru newydd y bydd y byd
yn edrych i fyny ati ac yn i pharchu.
*(Mae ANN yn pwyso'i phen ar ei ysgwydd ond nid yw
fel pe'n ymwybodol ohono)*

ANN :   Ond fe allwn ni i cerdded nhw dim ond inni gadw
golwg ar i wyneb O. ' Mi af ymlaen yn nerth y
nef,' medde Williams—nes cyrredd y paradwysedd
dir. Symud drwy fyd o amser, ac allan ohono ;
gadel plesere gweigion y byd, eilunod gwael y
llawr.
*(Mae ANN yn cau ei llygaid ac yn ymgolli yn ei meddyliau.
Mae HUW, yntau, ar goll yn ei fyd ei hun)*

HUW :   Nan. Anghofia'r ffwlbri yma. Tyrd efo mi. Fe
         allwn ni symud mynyddoedd efo'n gilydd. Fe fydd
         cenedlaethe sydd i ddod yn canu clodydd Huw
         ac Ann Morys. Wyt ti'n clywed ? Rydw i'n gofyn
         iti 'mhriodi i'r fechan.
         (*Mae ANN yn neidio ar ei thraed yn gynhyrfus*)
ANN :   Rydw i wedi i chael hi—
                   Beth sydd imi mwy a wnelwyf
                   Ag eilunod gwael y llawr ?
                   Tystio rwyf nad yw eu cwmni
                   I'w cystadlu â'm Iesu mawr.
         Nerth i aros—dyna f'angen mawr i . . .
         (*Mae ANN yn rhuthro tua'r gamfa*)
ANN :   Rhaid imi gael gafel ar Ruth, ar unweth.
         (*Mae ANN yn croesi'r gamfa ac yn rhedeg allan. Mae
         HUW yn sefyll yn ei unfan a golwg benisel arno, yna
         mae'n troi ar ei sawdl ac yn gadael y llwyfan yn gyflym.
         Tywyllir Set 1 yn llwyr*)

(Goleuir Set 2. Daw MALAN a WILLIAM i mewn dan siarad a chwerthin. Mae'r ddau yn eistedd. Daw EDWARD OWEN i ymuno â hwy. Wedi iddyn nhw setlo i lawr daw HUW i mewn. Mae'r cwmni yn rhoi croeso iddo)

E.O. : Rwyt ti'n ôl, Huw Morys.

HUW : Rydw i'n ôl. Fi sy'n talu siot, Edward Owen.
(Mae'r cwmni yn gweiddi cymeradwyaeth ac yn curo dwylo. Mae HUW yn croesi at MALAN)

HUW : Pa hwyl sydd, rhen gariad ?

M.H. : Yn well ar ôl dy weld di, Huw Morys.
(Mae HUW yn rhoi ei freichiau amdani)

HUW : 'Dwyt ti ddim wedi colli dim o dy wres, mi wela.

WILL : Ryden ni wedi gneud yn siwr o hynny, on'd do, Malan ?
(WILLIAM a MALAN yn chwerthin. Daw E.O. a'r diod i mewn a'i rannu)

M.H. : Tyrd a pheth o'r hanes inni. Sut oedd pethe tua Llunden ? Oedd y pelmynt yn aur ?

HUW : Fel y banadl ar lethre'r Berwyn.

WILL : Rwyt ti wedi dod a pheth wmbredd ohono fo'n ôl ar dy wadne, mi wela. Oes na obeth am ragor o Anterliwtie ?

E.O. : Mae o'n bowdwr am ddechre, William.

HUW : Pob dim yn i amser.
(HUW yn codi ei wydryn/dancard)

HUW : I be yfwn ni, Edward Owen ?

E.O. : I ryddid ?

HUW : William ?

WILL : *(Yn chwerthin yn awgrymog)* Y cnawd, Huw Morys.

HUW : Malan ?

M.H. : I heno.

HUW : O'r gore. Ydech chi'n barod ? Tyrd dithe, Edward Owen.

HUW :   Rhyddid y cnawd.
PAWB :   Rhyddid y cnawd.
           (*Y cwmni'n yfed. Pylu'r golau nes tywyllu'r Set yn
           llwyr. Mae'r cwmni'n gadael y llwyfan fel mae'r
           golau'n pylu*)

GOLYGFA 1

*(Goleuir Set 1—golau egwan fel un lleuad. Mae WILLIAM a'r
LLANC yn cuddio wrth y llain tir. Mae'r llanc yn smocio pibell.)*

WILL :   Rho'r bibell 'ne heibio'r llanc. Ddylen nhw ddim
bod ymhell.
(Clywir sŵn canu yn y pellter—o'r tu cefn i'r gynulleidfa)

WILL :   Aros funud. Glywi di rwbeth. *(Yn gwrando)*
Maen nhw'n siwr o fod tua'r Tŷ Mawr rŵan.

LLANC : Oes 'ne amser i bibelliad arall, William ?

WILL :   Ti a dy bibell. Dyna roth dy fam iti yn lle'r fron
falle.
*(WILLIAM yn cnecian chwerthin. Daw'r sŵn canu'n
nes a daw ANN THOMAS a RUTH i mewn, drwy
ganol y gynulleidfa. Maen nhw'n cerdded fraich yn
fraich, yn araf, a'r ddwy yn canu)*

LLANC : Ydyn nhw wedi meddwi, William ?

WILL :   Falle wir. Mi wyddost beth mae'r Methodistied
yn i yfed ?

LLANC : Na wn i.

WILL :   Gwaed.

LLANC : Yr achlod fawr. Maen nhw'n waeth na'r anwaried
mae John Davies Pendugwm wedi mynd i'w hachub.

WILL :   'Dwyt ti ddim yn deall, ngwas i. Gwin ti'n gweld—
hwnnw ydy'r gwaed ddoth o glwyfe'r gŵr ifanc ar
y Groes.

LLANC : Gwin, William ?

WILL :   Ie, ond rhwbeth odieth o glaear wel'di. Fydde fo
ddim yn debygol o feddwi dryw bach.

LLAMC : Mi leiciwn i allu dallt pethe yr un fath â chi,
William.

WILL :   Mi ddoi efo gofal a bwyd llwy. Hisht rŵan.
          (*Tra mae WILLIAM a'r LLANC yn sgwrsio mae ANN
          a RUTH yn dod yn nes*)
LLANC :   Faint sydd 'ne ohonyn nhw, William ?
WILL :   Dim ond y ddwy o Ddolwar. Mi fydd y llafnesod
          erill wedi madel am 'u cartrefi wel'di.
LLANC :   Pa un ohonyn nhw fynni di, William ?
WILL :   Y benna'r llanc. Dos di am y forwyn. Gad i mi
          fynd yn gynta ac yna dilyn di fi fel y dwedes i.
LLANC :   O'r gore, William.
          (*Daw ANN a RUTH i'r llwyfan. Pan ddont gyferbyn
          a'r llain tir mae WILLIAM yn camu allan. Mae
          RUTH yn dychryn ac yn closio at ANN*)
WILL :   Nosweth dda, Ann Thomas,   Ac i chithe, Ruth
          Evans. Peth peryg ydy i ferched ifinc grwydro'r
          wlad ar 'u penne 'u hunen yr adeg yma o'r nos.
ANN :   Dychwel o'r Oedfa yn y Bont yr yden ni, William.
          (*Daw WILLIAM yn nes at ANN. Mae'r llanc yn
          camu allan y tu ôl iddo*)
WILL :   Mae golwg oer arnat ti'r lodes. Gâd imi dy gnesu
          di.
ANN :   'Dyden ni ddim yn teimlo'r oerni, William. Mae
          gwres i belydre O yn tywynnu arnon ni.
RUTH :   Ryden ni'n llawn o gnesrwydd ysbrydol.
WILL :   Diawl, rydech chi'n fwy sanctedd nag y meddylies
          i. Arni hi'r llanc. Gâd inni weld beth ydy maint 'u
          gwres nhw.
          (*Mae'r LLANC yn symud i gyfeiriad RUTH ac yna'n
          dal yn ôl. Mae'r ddwy ferch yn sefyll yn hollol lonydd*)
ANN :   (*Wrth y Llanc*) Pam rwyt ti'n oedi ? ' Gwna yn
          llawen ŵr ifanc, yn dy ieuenctid, a llawenyched dy
          galon yn nyddie dy ieuenctid, a rhodia yn ffyrdd
          dy galon, ac yng ngolwg dy lyged, ond gwybydd
          y geilw Duw di i farn am hyn oll.'
          (*Fel mae ANN yn siarad mae'r llanc yn camu'n ôl*)
WILL :   Be sy'n bod arnat ti, dywed ? 'Does arnat ti ddim
          ofn y Pengrynied, siawns ?

RUTH :   Am hynny bwrw ddig oddi wrth dy galon, a thro
          ymaith ddrwg oddi wrth dy gnawd ; canys
          gwagedd yw mebyd ac ieuenctid.
LLANC :   Mae hi'n rhy boeth imi yma, William. Rydw i'n
          mynd.
          (*Mae'r LLANC yn diflannu nerth ei draed*)
ANN :   Dos dithe i'w ganlyn, William.
WILL   (*Yn greulon*) : Ie, mi wna i hynny. Ond nid o dy
          ofn di, Ann Thomas. 'Dydy prygowtha'r Metho-
          distied ddim yn codi igien arna i. Ond does arna
          i mo dy chwant di bellach. Fydde waeth gen i
          fynd i orwedd efo celen oer nag efo ti.
          (*Mae WILLIAM yn mynd allan i ddilyn y LLANC*)
RUTH :   (*Yn ochneidio*) O, dier, dyna beth awff i ddigwydd.
          Meistres fach, roeddech chi tu hwnt o ddewr.
ANN :   Mi ges nerth, Ruth.
RUTH :   Moese catel ydy moese William y Porthmon. Mae
          gen i ofn i fod o y tu draw i achubieth.
ANN :   Rhaid inni weddio ar i ran o, Ruth.
RUTH :   'Does na fawr o ddiben.
ANN :   Fe ddeudodd O—' Pwy bynnag a ddêl ataf i, nis
          bwriaf ef allan ddim '.
RUTH :   Mi fydd angen diwygiad nerthol cyn y gellir cyfri
          William ymysg yr etholedigion. Dewch adre,
          meistres fach.
ANN :   Na, ddim eto.
RUTH :   Ydech chi am imi'ch gadael chi ?
ANN :   Na, aros di.
RUTH :   Rydech chi'n crynu, meistres.
ANN :   Ydw i ?
RUTH :   Rhowch y siol 'ma drosoch.
          (*Mae RUTH yn tynnu ei siol ac yn ei rhoi dros ysgwyddau
          ANN*)
ANN :   Rwyt ti mor ofalus ohona i. 'Dydw i'n dda i ddim
          ar fy mhen fy hun, Ruth.

RUTH :   Ond 'dydech chi byth ar eich pen eich hun, meistres.
         Mae O efo chi, drwy'r amser. 'Dydy O byth yn ein
         gadel ni. ' Yr Arglwydd yw fy nghraig a'm ham-
         ddiffynfa, a'm gwaredydd . . .'
ANN :   (*Yn ymuno â hi*) Fy Nuw fy nghadernid yn yr hwn
         yr ymddiriedaf, fy nharian, a chorn fy iachawdwr-
         ieth, a'm huchel dŵr.' Mi wn i nad ydy O ddim
         yn symud, Ruth. Y fi sy'n symud, yn crwydro oddi
         wrtho fo. Dal yn gadarn, dyna ydy'r gamp. Wn
         i ddim faint y galla i bar'a Ruth.
RUTH :   Mae'r hen William baganedd 'na wedi'ch tarfu
         chi. Rhowch eich pwyse ar y graig, Ann Thomas.
ANN :   Rydw i'n bell o'i chyrredd hi, Ruth. Rho dy law
         imi.
         (*Mae RUTH yn rhoi ei llaw i ANN a hithau'n ei
         gwasgu*)
ANN :   Fyddi di byth yn gwyro, Ruth. Rwyt ti fel yr hen
         dderwen wrth y tŷ a dy wreiddie di'n cyrredd yn isel,
         prin yn teimlo'r cawodydd, yn herio'r stormydd.
         Rydw inne fel helygen, yn estyn fy mreichie tua'r
         nefoedd a nhraed i'n y lleithder islaw. Rydw i'n
         fach, yn wael, yn ffiedd.
RUTH :   Ac mae ynte'n fawr ac yn oruchel.
ANN :   Mae arna i hireth am fod yn bur, Ruth. Rydw i'n
         meddwl nad oes arna i ddim eisie newid fy ngwisg,
         dim ond bod yn lanach ynddi.
RUTH :   (*Yn cymell*) Ydech chi'n barod i ddod adre ?
ANN :   Adre ?
RUTH :   Fe fydd eich tad yn dechre poeni amdanoch chi.
ANN :   Dyn da ydy nhad. Mae o'n angor imi, yno bob
         amser. Mae arno fo fy angen i. Peth braf ydy
         hynny.
RUTH :   Ac mae arno Fo'ch angen chi hefyd, Meistres.
ANN :   Oes on'd oes ? Rwyt ti'n iawn, fel arfer. Hwde'r
         siol—does arna i ddim o'i hangen hi rŵan.
         (*ANN yn rhoi'r siol yn ôl i RUTH*)

RUTH : (*Gyda theimlad*) Diolch Iddo.
(*Mae ANN yn estyn am law RUTH ac yn ei harwain i gyfeiriad Dolwar*)

ANN : Mae gen i stori i'w deud wrthot ti. Fe ddaru 'ne griw ohonon ni alw am ymborth yn nhafarn Llanwddyn y nos o'r blaen. Fe ddisgynnodd y gwlith yn drwm ar y cwmni ac fe allet ti glywed y canu o Fynydd Dolwar. Dene wraig y dafarn yn rhuthro i mewn i'r stafell lle'r oedden ni ac yn gweiddi drwy'r berw—'Sôn am bobol feddwon. Mae'r diawled yma yn ddeg gwaeth eu trefn na phobol feddwon.'

RUTH : (*Yn geryddgar*) Meistres !

ANN : (*Yn chwerthin*) Taset ti wedi gweld i hwyneb hi fe fydde'n rhaid i tithe chwerthin yr hen Fethodist wyneb cul.
(*Â'r ddwy allan. Tywyllir Set 1 yn llwyr*)

(Goleuir Set 1. *Mae'n olau dydd trannoeth. Daw ANN a JOHN
i mewn).*

ANN :   *(Yn surbwch)* Elli di ddim mynd, John.

JOHN :   Siarad synnwyr, y lodes. Mae'n rhaid imi fynd.

ANN :   Dyn caled ydy Thomas Charles. Fo a'i gateceisio
diddiwedd. Wyddost ti be fyddwn i'n i alw fo ar
un adeg ?

JOHN :   Dim syniad.

ANN :   Y Pab.

JOHN :   Nansi.

ANN :   Wel, peth anheg ydy dy anfon di i bendraw'r byd.

JOHN :   I Lanwrin yr ydw i'n mynd, Nansi.

ANN :   Fydde waeth iti fynd i Dahiti fel John Pendugwm
na mynd i'r Llanwrin 'ne ddim. Ble mae'r lle p'run
bynnag ?

JOHN :   Dim ond chydig o filltiroedd odd'ma fel yr hêd y
fran.

ANN :   Nid bran wyt ti, John Penyfigin, er dy fod ti ddigon
tebyg i un. Mae arna i fwy o d'angen di nag sydd
ar bobol Llanwrin.

JOHN :   Mi fydd Ruth gent ti.

ANN :   Ti sydd arna i i eisie, John.
*(ANN yn dringo'r gamfa i'r llain tir a JOHN yn ei
dilyn)*

ANN :   Gwrando a cheryddu y bydd Ruth. 'Dydy hi'n
deall dim am amheuon na fawr o amynedd i'w
gwrando nhw. Fe fyddi di'n gwrando ac yn cynnig
atebion. Falle 'na 'dydw i ddim yn 'u derbyn nhw
bob amser.

JOHN :   Mor wir . . .

ANN :   Ond 'dwyt ti ddim yn disgwyl hynny siawns. Ti
wyt ti a fi ydw i. Mi gynigiest ti beth wmbredd
imi, fel cynnig bwyd a diod, ac mi dderbynies inne'n

wancus. Roedd arna i newyn a syched am addysg.
Roedd ysgol Ann y Sais mor dlodedd rywsut. Ac
roedd gwrando arnat ti a Siôn yn sôn am bethe na
allwn i mo'u dirned yn fy ngwylltio i'n gacwn.

JOHN :   'Doedd arna i ddim llai na dy ofn di, Nansi, pan
oedd dy lyged mawr gwine di'n tanio arna i.

ANN :   Fy ofn i ! (*Yn chwerthin, yna'n sobri'n sydyn*) O,
John, dywed nad wyt ti ddim am fynd i ysgol
Llanwrin.

JOHN :   Mae Thomas Charles yn dibynnu arna i.

ANN :   Yn boeth y bo Thomas Charles. (*ANN yn curo'i
throed yn y llawr*) Diolch nad ydy Ruth ddim yma
rŵan. Mi fydde'n dannod pob math o bethe imi.
Mae bod efo Ruth fel bod allan mewn cae agored
mewn storm o geser a'r rheini'n curo'n ddi-drugar-
edd arna i. Ond rwyt ti'n gneud imi deimlo'n well
nag yr ydw i. John, oes arnat ti hireth am yr hen
fywyd weithie ?

JOHN :   Nagoes—dim.

ANN :   Rydw i'n dy gofio di'n chware Tom Tell Truth yn
' Tri Chryfion Byd ' Thomas Edwards y Nant ac
yn canu barnad am Lowri Lew.
' Mae'n chwith i'r nifeilied mewn dwned amdani,
Ieir, hwyed, gwydde a moch sydd yn gweiddi,
A'r lloue bach annwyl sy'n drwm eu hochened,
A phrin iawn y pora pob buwch nesa'r pared '.
'Dydw i ddim mor siwr am y canu, ond roeddet
ti'n chwareuwr dan gamp.
' Hi aeth i'r nefoedd, am wn i ;
Ag onid e gwae'i hened hi . . .'
Wyt ti'n cofio rhagor ?

JOHN :   Nad ydw. Nag eisie cofio. 'Doedd gen i ddim oedd
yn werth i ddal.

ANN :   Ond fe ddwedest ti unweth fod yn rhaid wrth
ieuenctid ; fod arnon ni angen tymor diofalwch.

JOHN :   Mae'r amser yn dod pan mae'n rhaid inni wthio'r
          gorffennol o'r tu cefn inni, Nansi. 'Dydy o ddim
          ond rhwystr inni. Mi leiciwn i taset ti ddim yn sôn
          rhagor am y peth.

ANN   (*Yn isel*) : Os mai dyna dy ddymuniad di.
          (*Tawelwch anniddig am eiliad*)

JOHN :   Fe alwa i—cyn amled ag sy'n bosib. Ac fe sgrifenna
          i'n gyson. A tithe ? Nansi—wnei di sgrifennu ata
          i ?

ANN :   Sut y galla i beidio ?

JOHN :   Adewi di ddim i'r awen sychu ?

ANN :   Wn i ddim.

JOHN :   Addo imi.

ANN :   Alla i ddim addo. Falle y coda i ryw fore a hithe'n
          hesb.

JOHN :   Fe ddylet ti sgrifennu'r hymne, wyddost.

ANN :   Mi rois i un neu ddau ohonyn nhw ar bapur ond
          roedden nhw'n edrych mor ddierth. Ro'n i flys
          rhwygo'r tudalenne ond fe fydde hynny'n achlod
          rywsut. Mi cadwes i nhw o dau glustog y gader
          wellt sy'n y gegin.

JOHN :   A ble mae nhw rŵan ?

ANN :   Be wn i ?

JOHN :   Ond fe ddylet 'u cadw nhw'n ddiogel. A sgrifennu'r
          gweddill—fel maen nhw'n dod.

ANN :   I be, John ?

JOHN :   I be'r lodes ? Maen nhw'n dlws odieth.

ANN :   Nhad a tithe sy'n credu hynny. P'run bynnag, fi
          pia nhw. Rydw i'n fy ngweld fy hun yn gliriach
          drwyddyn nhw. Pethe'n tarddu o'r galon ydyn
          nhw.

JOHN :   Ti ŵyr dy bethe. Mi fydd raid imi fynd.

ANN :   John, rho air o gysur imi cyn madel. (*Dim ateb*)
          'Dwyt ti rioed ar goll am eirie. Yr holl orie y buon
          ni'n siarad ; byd o amser yn cerdded heibio heb
          inni sylwi arno fo. Ryden ni'n dechre pellhau'n
          barod, John. Chawn ni byth gymundeb felly eto.

JOHN :   Wrth gwrs y cawn ni.

ANN :   Na. Rydw i wedi dy ddigio di, on'd do, wrth roi
            gwisg o gnawd i'n Crist ni ?

JOHN   (*Heb argyhoeddiad*) : Naddo, ddim o gwbl.

ANN :   O, do. Mi alla i ddeud ar dy wyneb di. Ond felly
            y gweles i o, wel'di, fel ti a minne, ond yn anrhaethol
            well.   Mi golles ddiddordeb yn Athrawieth yr
            Iawn ; 'doedd dy ddiwynyddieth di ond peth eil-
            radd pan weles i O. 'Do'n i eisie dim ond syllu arno
            fo—y person a gymrodd natur dyn. Rydw i'n
            derbyn llawer o d'athrawieth di, John, ond i mi y
            Crist byw ydy'r peth pwysig. Calfaria a'r Preseb.
            Rydw i'n synnu ac yn rhyfeddu fel y bu iddo nesu
            at bechadures fel fi ac eto gadw'i Dduwdod. Dwy
            natur mewn un person, John—dyna i ti ryfeddod.
            ' Dyn all gydymdeithio â'th wendid mawr i gyd,
            A Duw i fynnu'r orsedd ar ddiafol, cnawd a byd.'
            John—dywed na 'dydw i ddim wedi dy ddigio di
            ormod.

JOHN :   Allet ti byth mo nigio i. Ddoi di i fy nanfon i i'r
            Llan ?

ANN :   Wrth gwrs y do i. Ond nid gyda phleser y tro yma.

JOHN :   Roedd Ruth yn deud i bod hithe am ddod.

ANN :   (*Braidd yn gwta*) Oedd hi ?
            (*Daw RUTH i mewn*)

RUTH :   Ac mae Ruth Evans yn credu mewn cadw addewid,
            John Hughes.
            (*Daw RUTH at y gamfa*)

ANN :   Beth am y tŷ, Ruth ?

RUTH :   Mae'ch tad wedi cytuno i gadw llyged ar bethe yno.

ANN :   O, wel, ffwrdd a ni ynte. Ar draws y caee, ie, John ?

JOHN :   Ruth ?

RUTH :   O'r gore.
            (*RUTH yn croesi'r gamfa ac yn dod atyn nhw i'r llain
            fach. ANN yn edrych yn surbwch*)

RUTH :   Mae Thomas Charles yn ffodus o'ch cael chi, John
            Hughes.

ANN :   Hy !
JOHN :   Mae Nansi'n credu mai dyn creulon ydy Thomas
          Charles.
RUTH :   Dier, dier.
JOHN :   Ga i ddeud wrthi hi be galwest ti o, Nansi ?
ANN :   Cymer di ofal, Ioan ap Huw.
          (*Mae JOHN yn chwerthin. Y tri yn gadael y llwyfan.
          Tywyllir Set* 1 *yn llwyr*)

G O L Y G F A 3

(Goleuir Set 1 â golau egwan fel un lleuad. Clywir sŵn chwerthin a daw MALAN HUWS a WILLIAM i mewn).

M.H. : Ble'r ydan ni, William ?

WILL : Ar dir Dolwar Fechan. Ffordd yma'r lodes.
(MALAN yn cerdded i mewn i'r wal/ffens)

WILL : Rwyt ti'n chwil gaib, Malan Huws.

M.H. : Clywch pwy sy'n siarad !

WILL : Rydw i mor syber â sant.

M.H. : Gad imi dy weld di'n sefyll ar un goes ynte.
(WILLIAM yn ceisio sefyll ar un goes—yn bustachu ac yn baglu. MALAN yn chwerthin yn uchel)

WILL : Hisht. Dros y gamfa a chdi.

M.H. : *(Yn par'a i chwerthin)* Alla i ddim.

WILL : Fe awn ni drosodd efo'n gilydd.
(Mae'r ddau yn tuchan ac yn chwerthin wrth geisio dringo'r gamfa)

WILL : Mae 'ne bwyse arnat ti. Oes 'ne gyw ynot ti, Malan Huws ?

M.H. : Tase 'ne, dy gyw di fydde fo, William. *(Yn gellweirus)* Briodet ti fi ?

WILL : Be fydde'r diben ? Unweth y deue Huw Morys yn i ôl fe fyddet ti'n 'y ngadel i ar y clwt.

M.H. : Na—ddim eto, William. Roedd o'n ôl i aros y tro yma, medde fo. P'run bynnag, 'does gen i ddim amynedd efo dyn sy'n cymryd y goes pan fo hi'n drane neu gwthrwfwl.

WILL : Roedd ganddo fo syniade mawr, y lodes.

M.H. : Pa eisie newid sydd ? Ryden ni'n ddigon hapus. Pam na alle fo fodloni ar yr hyn sydd ganddo fo ?

WILL : Rydw i'n ddigon bodlon arnat ti, Malan. Ond pa obeth sydd gen i ? Rwyt ti'n dal i garu'r llanc on'd wyt ?

M.H. : Nag ydw.

77

WILL :   O, wyt. 'Dydw i ddim heb brofiad wyddost ti.
          Fedri di mo'i wrthsefyll o. Ond diawc unweth, be
          yden ni'n i neud yn gwastraffu amser yn sôn am
          Huw Morys dywed ? Fi pia ti heno. Tyrd i iste'r
          lodes.
          (Â'r ddau i eistedd ar y boncyff)

WILL :   Ryden ni ar dir cysegredig, Malan. Yn y fan yma
          y bydd Ann Thomas yn cael ei gweledigaethe. Yn
          llefen ac yn sgrechen fel tase cŵn y fall wrth i sodle
          hi.

M.H. :   Mae crefydd yn gneud pethe rhyfedd i bobol,
          William.

WILL :   Cythrel o beth ydy o.

M.H. :   Wn i ddim wyddost ti. Mi all fod yn beth reit
          braf ar adege.

WILL :   Y nefoedd fawr—paid tithe a dechre. Mae'n rhaid
          fod 'na ryw wits ar y lle 'ma.

M.H. :   Paid a dychryn, William. 'Does arna i ddim
          chwant cael 'y 'nghladdu'n fyw.
          (Mae MALAN yn rhoi cusan iddo . Dim ymateb)

M.H. :   Ydy'r lle wedi dy rewi dithe ?
          (WILLIAM yn ysgwyd ei ben ac yn gafael ynddi'n
          chwantus)

WILL :   Go brin. Dier, dier, rwyt ti'n llond breichie'r lodes.
          Mae'n rhaid mai Huw Morys ydy'r catffwl mwya
          ar wyneb daear.
          (Mae'r ddau yn cofleidio. Daw SIÔN THOMAS i
          mewn. Mae'n clywed siôn ac yn cerdded i gyfeiriad y
          llain fach)

SIÔN :   Pwy sydd 'ne ?

WILL :   (Yn sibrwd) Ar f'engoch i—Siôn Thomas Dolwar.

M.H. :   Fedrwn ni guddio, William ?

WILL :   Does 'ne nunlle i guddio'r lodes.
          (Daw SIÔN THOMAS yn nes a sefyll wrth y gamfa)

SIÔN :   Rydech chi'n tresmasu. Wyddoch chi hynny ?
          (Mae WILLIAM yn codi ar ei draed ac yn camu i
          gyfeiriad SIÔN)

SIÔN : Ti sydd 'ne, William.

WILL : Roedd hi'n dywyll, Siôn Thomas. Wydden ni ddim ble'r oedden ni.

SIÔN : Wyt ti'n disgwyl imi gredu hynny a tithe'n nabod y wlad 'ma fel cleder llaw ?

WILL : Fel mynnot ti.

SIÔN : Pwy sydd gent ti efo ti ?

WILL : 'Dydy o ddim o dy fusnes di.

SIÔN : O, ydy. Fy nhir i ydy hwn. Mi ddylwn osod y cŵn arnat ti.

(Mae MALAN HUWS yn codi ac yn symud at ochr WILLIAM)

SIÔN : O, Malan Huws sydd 'ne, ie ? Mi ddylwn wybod.

WILL : Gwybod be, llanc ?

SIÔN : Siôn Thomas i ti, William.

WILL *(Yn poeri)* : Pw !

SIÔN : Rydw i'n dy orchymyn di. Dos a dy .. .

WILL : Hwren. Dyna oeddet ti am i ddeud ynte ? Dywed o, i weld sut flas sydd ar bethe'r byd. Oes gent ti ofn tagu ar y gair ? Dywed o—fydd Malan ddim yn malio, yn na fyddi'r lodes. O leia, mae hi'n ddigon onest i gyfadde . . .

M.H. : Tro ben ar dy chwedl, William . . .

WILL : Mae hi'n onest, medde fi. Nid fel dy chwaer fach sanctedd di. Wyt ti am glywed sut y bydde hi'n llyncu ' cheap gin ' yn nhafarn y Llan ? Neu falle yr hoffet ti wybod efo pwy y buo hi'n gorwedd yn fan'ma.

(Mae SIÔN yn cymryd cam neu ddau i gyfeiriad WILL-IAM)

WILL : Tyrd, rho ddyrnod imi. 'Dwyt ti ddim am adel imi faeddu dy chwaer, siawns ? Roedd Ann Thomas yn olreit cyn i ti a'r Pengrynied i witsio hi. Pisin bach handi.

(Mae WILLIAM yn neidio dros y gamfa ac yn sefyll yn wynebu SIÔN)

WILL : Trawa fi'r llanc.

SIÔN : Fynna i ddim maeddu fy nwylo arnat ti.

WILL : Hy ! Dyna dy esgus di, ie'r llipryn ?

SIÔN : Dos oddi ar fy nhir i, William, neu . . .

WILL : (*Yn wawdlyd*) Neu be ? Y ? Does na ddim y
gelli di i neud ond gweddio. Pam na roi di gynnig
ar fyw'n naturiol ? Yli, fe elli di ddechre rŵan.
Mi fydd Malan yn ddigon parod i orwedd efo ti,
yn byddi'r lodes ?
(*Mae SIÔN yn troi ar ei sawdl ac yn gadael. Mae
WILLIAM yn chwerthin yn wawdlyd*)

WILL : (*Yn galw ar ei ôl*) Ble'r wyt ti'n mynd y llanc ?
I nôl dy waedgwn ? Edrych arno fo, Malan, yn
dianc â'i gynffon rhwng ei goese. Pw ! (*Yn poeri*)

M.H. : 'Doedd dim angen iti fod mor greulon.

WILL : Creulon ! Mi fues i'n odieth o garedig. Mae'r diawl
wedi andwyo fy min nos i.

M.H. : Gâd inni fynd, William. Mae 'na rwbeth yn y lle
'ma sy'n codi dychryn arna i.

WILL : Ysbrydion y Pengrynied falle. (*Yn chwerthin*) O'r
gore—tyrd.
(*Mae WILLIAM yn ei helpu i ddringo'r gamfa. Mae'n
dal ei afael arni ac yn ei gwasgu ato*)

WILL : Roedd Ann Thomas Dolwar yn gynnes fel'ma ar
un adeg.

M.H. : Oedd hi, William ?

WILL : Mae'n rhaid fod gen y Pengrynied ryw allu dych-
rynllyd lodes, i'w rhewi hi fel'na.

M.H. : Ach a fi. Anghofia nhw, William.

WILL : Rwyt ti'n iawn. Gâd inni redeg i fagu gwres.
(*Mae WILLIAM yn cymryd llaw MALAN a'r ddau
yn rhedeg allan*)

GOLYGFA 1

(Set 4. Cegin Dolwar. Mae'r gegin yn llwyd dywyll. Daw ANN i mewn a golwg flinedig arni. Mae'n eistedd. Daw RUTH i mewn)

RUTH :   *(Gyda rhyddhad)* Rydech chi'n ôl. Mae Siôn Thomas a minne wedi bod yn chwilio'r lle amdanoch chi ers awr a rhagor.

ANN :   Beth ydy amser, Ruth ?

RUTH :   Mae o'n cyfri llawer i'r rhai sy'n aros ac yn pryderu.

ANN :   Ydy, debyg. Peth rhyfedd ydy o, ynte ? Plagus. Yn chware efo rywun fel cath efo llygoden. Un munud rwyt ti'n credu dy fod ti'n rhydd ; y munud nesa mae o'n gafel yn dy war di.

RUTH :   *(Braidd yn ddi-amynedd)* Ddylech chi ddim mynd i grwydro ar eich pen eich hun a hithe'n nosi. Ydech chi'n cofio'r profiad awff gawson ni yn yr wtra efo'r William anwaredd yna.

ANN :   Mae yna beder blynedd ers hynny, Ruth. Peder blynedd o chware efo darfodedig bethe amser. Mi leiciwn i gael ymlonyddu. Ond 'does 'ne ddim heddwch imi yma—na dim diddanwch chwaith, bellach.

RUTH :   *(Yn geryddgar)* Ryden ni i gyd yn colli'ch tad, ond meddyliwch mor ogoneddus ydy hi arno fo—
       ' a chyfiawnder pur y nefoedd
       Yn siriol wenu arno byth '
Eich geirie chi, Ann Thomas.

ANN :   Ie, mi wn i fod 'nhad mewn lle hyfryd. Ond beth amdana i ? Roedd yn Nolwar saith ohonom ni unweth—rŵan 'does ond Siôn a minne.

RUTH :   *(Yn dawel)* Rydw inne yma hefyd.

ANN : O, wrth gwrs dy fod ti. Madde imi am fod mor hunanol. Rydw i'n arswydo rhag y dydd y byddi dithe'n fy ngadel i.

RUTH : Ond 'dydw i ddim yn bwriadu'ch gadel chi.

ANN : Fe fydd gofyn arnot ti, ryw ddiwrnod, neud cartref i John Hughes. Mae arno fo d'angen di, Ruth. Mae o mor lletchwith.

RUTH : Ond, meistres fach . . .

ANN : Mi wn i na 'dydy o ddim wedi gofyn iti i briodi eto, ond fe wnaiff, yn i amser i hun. Mae o â'i lyged arnat ti ers sbel, wyddost ti. Wyt ti'n cofio'r diwrnod hwnnw y cychwynodd o am Lanwrin ? Ro'n i mor filen i fod o'n mynd a ngadel i. Wyddwn i ddim ble i droi. Y diwrnod hwnnw y sylweddoles i am y tro cyntaf fod yna fôr o ddealltwrieth rhyngddo fo â ti.

RUTH : Fe fyddwch chi wedi priodi o 'mlaen i eto, meistres.

ANN : (*Gydag awgrym o'r hen hwyl*) Fydda i wir ? A phwy, meddet ti, sy'n ddigon o gatffwl i 'nghymryd i ?

RUTH : Un o'r dynion gore yn y gymdogeth yma.

ANN : (*Yn gellweirus*) All o gystadlu â John Hughes ?

RUTH : 'Dydw i ddim yn cellwer, meistres. Mae Thomas Griffiths yn ddyn da i Iesu Grist.

ANN : Dene pwy sydd gen ti ar fy nghyfer i, ie ? Wyt ti ddim yn meddwl i fod o'n rhy dda i frwynen o beth fel fi ?

RUTH : Mae'r gole ganddoch chi, ond i chi gael y nerth i gerdded yn i lewyrch o.

ANN : Ie, y nerth. Rydw i wedi gweddio, do, ganweth, am y nerth.

RUTH : Rhaid i chi droi ati i sgrifennu hymne eto.

ANN : Mae ffrydie'r awen wedi sychu'n llwyr. Rydw i'n hesb, Ruth.

RUTH : Fe ddaw'r ffrydie dwyfol i'w llenwi eto, meistres.

ANN : Go brin. Na—pethe'r gorffennol ydy'r hymne.

RUTH : Rydw i'n 'u cofio nhw i gyd—bob gair ohonyn nhw. Rydw i wedi canu'r oll arnyn nhw—drosodd

a throsodd wrth fy ngorchwyl. Ydech chi'n cofio'r
diwrnod hwnnw yn y gegin—chithe'n eistedd â
phwys eich penelin ar y ffwrnes ? Felly y buoch chi
am hir amser. Yna dyna chi'n dod i'r gegin fawr
at eich tad a minne ac yn deud—

   ' Mae bod yn fyw yn fawr ryfeddod
   O fewn ffwrneisie sydd mor boeth
   Ond mwy rhyfedd, wedi 'mhrofi
   Y dof i'r canol fel aur coeth.'

ANN : Mae 'ne amser maith ers hynny, Ruth.

RUTH : Fe alla i weld a chlywed y cyfan fel tase hi'n ddoe.

ANN : ' Bod yn fyw yn fawr ryfeddod '—wyt ti'n sicir mai
dyna ddwedes i ?

RUTH : Yn berffeth sicir. A'ch tad yn deud—' Mae
Nansi'n canu'n felys, ond rydw i'n bryderus yn i
chylch hi '.

ANN : Roedd arno fo ofn imi golli 'mhwyll.

RUTH : Ond roedd o'n falch odieth ohonoch chi. Mi
leiciwn i taswn i'n gallu rhoi pin ar bapur fel y
gallwn i sgrifennu'r hymne.

ANN : 'Dydw i ddim am iti adel i neb 'u sgrifennu. Fe
ddylwn i fod wedi'u cadw i mi fy hun. Fy awydd
i am glod bydol oedd yn peri imi rannu.

RUTH : Fe wnaethoch yn iawn, Ann Thomas.

ANN : Be wyddost ti, Ruth ? Gan y mynydd y mae'r hawl
ar y ffrydie sy'n tarddu ohono ; fo sy'n rhoi bod
iddyn nhw. Fy nghysur i oedd yr hymne.

RUTH : Ond falle, ryw ddiwrnod, y bydd canu mawr arnyn
nhw, fel ar hymne Williams.

ANN : Wyt ti am gynnig anfarwoldeb imi ?

RUTH : Ond meddyliwch, meistres fach—cannoedd,
miliyne o bobol Duw yn cael 'u harwen ato fo—
drwy'ch geirie chi.

ANN : Llonydd—dyna'r cyfan yr ydw i'n i ofyn—cyfle i
fwrw mlaen gynted ag y galla i nes cyrredd i gôl
f'anwylyd ac ymlonyddu yn i gariad. Fe fydda i'n

ddiogel wedyn. Mae arna i weithie ryw angen mawr am gael madel. Ruth Evans—ydy hynny'n dy ddychryn di ?

RUTH : Ddylech chi ddim siarad fel 'na, Ann Thomas.

ANN : Rwyt ti a Siôn mor chwannog o ddeud wrtha i sut y dylwn i deimlo ; be ddylwn i i neud a'i ddeud. Ond mae 'na fwlch llydan rhyngon ni na ellir byth mo'i bontio. Rydech chi'ch dau, a John—a Thomas Griffiths—yn rhwym mewn byd o amser. Rydw inne'n teimlo'r clyme'n llacio ac yn datod. A ryw ddiwrnod, fe fydd y rhwyme'n chwalu a minne'n rhydd. Rhyddid—dyna freuddwyd fawr Huw Morys—rhyddid dyn i fyw i fywyd i hun. Ac i farw i farwoleth i hun.

RUTH : Mae Huw Morys wedi i werthu i hun i'r diafol ac yn byw mewn pechod efo Malan Huws.

ANN : Ond ar bwy mae'r bai, Ruth Evans ?
(*Yn dawel—fel pe wrthi ei hun*)—
    ' A raid i'm sêl oedd farwor tanllyd
      Unwaith dros Dy ogoniant gwiw,
    A charedigrwydd dy ieuengctid
      Fyn'd yn oerach at fy Nuw ?

RUTH : Hymn newydd, meistres ?

ANN : Na, hen hymn am hen brofiad.
(*Mae ANN yn codi*)

RUTH : Ble rydech chi'n mynd rŵan ?

ANN : Draw i'r llain fach. 'Dydw i ddim wedi bod yno ers amser.

RUTH : Fe ddo' i efo chi.

ANN : (*Yn bendant*) Na. (*Yna'n dynerach*) Diolch iti am gynnig, ond mi fydda i'n iawn.
(*Wrth fynd heibio i RUTH mae ANN yn estyn ei llaw allan ati ac yn cyffwrdd â'i braich*)

ANN : Diolch iti am bryderu yn fy nghylch i. Fe fydd John Hughes wedi'i freintio o dy gael di'n gymar iddo fo.
(*Â ANN allan*)

(Set 1. *Mae'n nosi ond mae'r llain fach yng ngolau'r lleuad.
Daw ANN i mewn. Mae'n eistedd ar y boncyff. Daw WILLIAM
i mewn o'r chwith a sefyll wrth y gamfa yn edrych arni)*

WILL : Noswaith dda, Ann Thomas.

ANN : William. Sut ydech chi ?

WILL : Yn burion, diolch. Chwilio amdanoch chi yr o'n i, a deud y gwir. Rydw i wedi bod ffordd 'ma beth wmbredd o weithie—meddwl falle y gwelwn i chi.

ANN : Anamal y bydda i'n dod yma rŵan. Mae 'ma ormod o orffennol.

WILL : Ie. Wel, y, eisie deud yr o'n i *(Yn petruso)* Diawc unweth, sut mae deud ? Mae'r peth wedi bod yn cnoi yna i fel colic ers blynydde.

ANN : Beth oedd o, William ?

WILL : Y noson honno yn yr wtra—pan oeddech chi a Ruth Evans yn dychwel o Bont Robert . . .

ANN : *(Yn cymell)* Ie ?

WILL : Fi hudodd y llanc yno. Mi wyddech i fod o'n un o'r Pengrynied bellach ?

ANN : Ydy o ?

WILL : Ie, wel, y, cael dipyn o sbort—dene oedd yn fy meddwl i.

ANN : Cellwer ?

WILL : Ie, dene fo—cellwer digon diniwed. Ymddwyn fel glas hogyn—dyn yn i oed a'i synnwyr.

ANN : 'Dydy bod yn ifanc ddim yn bechod, William.

WILL : Ie—mae'n dda gen i eich bod chi'n i gymryd o fel 'na. Roedd 'ne rwbeth arall hefyd. Un noson— tua'r un adeg oedd hi—mi ddes i a Malan Huws yma efo mi ac fe ddaliodd Siôn Thomas ni'n ryw fyrreth caru. Mi fues yn giedd efo fo. Ydy o'n un go faddeugar deudwch ?

ANN : Mae'i Dduw o'n un maddeugar iawn.

WILL : Diolch am hynny. Falle y liciech chi wybod fy mod inne'n mynd i'r Cyrdde weithie. Ddim cyn amled ag y dylwn i, falle, ond mae'r Cyrdde'n odieth o sych ac mae'n rhaid imi gael llymed i allu'u llyncu nhw. Treio tynnu o ore dau fyd, ynte ? 'Does 'ne ddim o'i le yn hynny, oes 'na ?

ANN : Sut mae Edward Owen, William ?

WILL : Fel arfer. Gwrando ar bawb a chredu neb.

ANN : A Malan Huws, a'r cwmni'n y Llan ?

WILL : Rhwbeth yn debyg ydy hwnnw hefyd. 'Dyden ni ddim yn gweld cyment ar Malan Huws ag yr oedden ni.

ANN : Sut hynny ?

WILL : Mae hi wedi symud o'r Llan—i rywle tua Llan-fyllin—y hi a Huw Morys yn byw tali. Mi fydden yn galw heibio weithie. Mae golwg wachel ar Huw Morys. (*Seibiant, fel pe'n disgwyl ateb*) Ydech chi ddim wedi clywed ?

ANN : 'Dydw i ddim wedi bod yn y Llan ers misoedd.

WILL : Fe ddoth yn ôl o Lunden yn bowdwr i gyd am achub y werin o ormes a ryw gybôl felly. Mae hynny ryw beder blynedd yn ôl, bellach.

ANN : Pum mlynedd.

WILL : Oes 'ne gyment â hynny ? Mi fuo wrthi nerth i galon yn sgrifennu Anterliwt. Roedd hi'n mynd i ysgwyd gwerin Cymru medde fo. Mi es i'r chware cynta yn Ffair Llangynog. Fe fuon rhaid iddyn nhw roi'r gore iddi cyn y diwedd. Roedd yno remp o le.

ANN : Be oedd y mater, William ?

WILL : Deud yr oedden nhw i fod o'n gneud ffylied ohonyn nhw. I gyhuddo fo o droi i gefn ar i wlad a'i gneud hi'n gyff gwawd i'r Saeson.

ANN : Troi i gefn ? Huw Morys ?

WILL :   Ddim yn dallt roedden nhw, falle. Roedd o'n treio
         egluro i mi yn y Llan unweth be oedd o am i neud.
         Do'n inne ddim yn dallt, mae'n rhaid i mi gyfadde.
         Roedd o'n sôn rwbeth am agor llyged a thanio
         calonne.

ANN :   Rhyddid barn i bob dyn ; yr hawl i fyw i fywyd i
         hun heb ormes.

WILL :   Roeddech chi'n dallt, felly ?

ANN :   Na, 'do'n inne ddim yn dallt. Ond mi rydw i rŵan.

WILL :   'Does 'na neb arall. Wedi'r helynt yn Llangynog
         fe aeth yn ôl am Lunden. Mi gweles i o unweth yn
         Southwark ond nabodd o mona i. Ac un noson pan
         es i i'r Llan—ryw ddeufis yn ôl falle—dyna lle'r
         oedd o, yn un swpyn mewn cornel, yn llefen fel
         plentyn—deud i fod o wedi cael i wrthod gan i
         bobol i hun.

ANN :   Dyna ddeudodd y Mab. ' Nid yw proffwyd heb
         anrhydedd ond yn i wlad ac yn i dŷ i hun '. Ryden
         ni wedi'n hamgylchu efo gelynion, William. Mi
         ddylies i unweth y gallwn i ryfela yn 'u herbyn
         nhw, ond rydw i'n rhy wan.

WILL :   Oes 'ne rwbeth alla i i neud ? Mae 'ne ddigon o
         rym yn y dyrne 'ma i laenio unrhyw un. Mi
         glywes ryw si eich bod chi'n canlyn Thomas
         Griffiths y Ceunant. Pob bendith i chi'ch dau.
         Mae gair da i Thomas Griffiths yn y cylch.

ANN :   Felly rydw i'n dallt.

WILL :   Ro'n i'n meddwl, falle . . . y chi, a John Hughes y
         Figin. Roeddech chi'n gryn lawie, on'd oeddech ?

ANN :   Cyfell a chynhaliwr oedd John Hughes, William.
         Rydw i'n disgwyl y bydd o a Ruth yn gneud 'u
         byw efo'i gilydd.

WILL :   Ie, mi darith hynny'n iawn. Tebyg at i debyg.
         Begio'ch pardwn am fod yn hŷ, ond mae arna i ofn
         yr eneth Ruth 'ne'n awfft. Mae hi'n gneud imi
         deimlo'n odieth o bechadurus, a 'dydw i ddim mor

ddrwg, i gymharu ag ambell **un**, er 'mod i braidd
yn anystyriol falle.

ANN :   Na, 'dydech chi ddim mor ddrwg, William.

WILL :   Dyma'r gore alla i i neud. 'Dydw i ddim yn credu
'mod i eisie bod yn rhy dda. Mi fydde hynny'n fy
lladd i. Ond mi fues i'n od o frwnt 'y nhafod efo
ti'r fechan.

ANN :   'Dydw i ddim yn cofio.

WILL :   Rydw i'n cofio. Dier, mi leiciwn i gael f'amser yn
ôl.

ANN :   (*Yn troi i'w wynebu*) Paid â gofyn hynny, William
bach. Roeddet ti'n byw dy fywyd fel roeddet ti'n
gweld pethe ar y pryd. 'Dydy amser byth yn
sefyll. 'Does 'na ddim dewis ond symud ymlaen.

WILL :   Fe godest ti beth affeth o ofn arna i y noson honno
yn yr wtra, wrth sôn am y farn a phethe felly. Mi
leiciwn i wybod be sy'n fy aros i.

ANN :   Llwyr dderbyniad, William.

WILL :   Y ? Ond fy mhechode i—be wnaiff o â rheini ?

ANN :   'U madde nhw i gyd, yng ngrym i gariad mawr.

WILL :   Y cwbwl ohonyn nhw ?

ANN :   Y cwbwl.

  ' Mi a anturiaf ato'n eon,
    Teyrnwialen aur sydd yn ei law ;
  A hon senter at bechadur,
    Llwyr dderbyniad pawb a ddaw.'

WILL :   Dier, dier, rwyt ti wedi rhoi hwb i 'nghalon i'r
lodes.

ANN :   Mae'n dda gen i, William.

WILL :   Wel, mi â i rŵan, ynte. Cofia'r fechan, mi fydd yn
fraint gen i gael dy helpu di, unrhyw amser.
(*Wrth i WILLIAM adael, daw SIÔN i mewn*)

WILL :   Sut ydech chi, Siôn Thomas ?

SIÔN :   Yn dal ati, William.

WILL :   Mae hi'n od o wag yn Nolwar heb Siôn Ifan Thomas
mi wranta.

SIÔN :   Yn rhyfeddol o wag. Mi gweles i di'n y Gymdeithas-
         fa. Gwna ymdrech i ddal yn y pethe, William.
         (*WILLIAM yn cilio'n ôl*)
WILL :   Ie, wel, y, mi wna i ngore, Siôn Thomas. Da bo'ch
         chi'ch dau.
         (*Mae WILLIAM yn diflannu'n gyflym. Daw SIÔN at
         y gamfa*)
SIÔN :   Roedd Ruth yn deud mai yma y byddet ti, Nansi.
ANN :   Oedd, mae'n debyg.
SIÔN :   Mae hi'n poeni amdanat ti. Mae hi wedi bod yn
         dda wrthot ti. Nansi, rwyt ti'n ddigon di-feind
         ohoni ar brydie.
ANN :   'Dydw i ddim yn bwriadu bod, Siôn. Ond mae
         pethe erill yn fy llyncu i nes 'y mod i'n misio'n lân
         a gneud 'y nyletswydd efo pethe amser. Rydw i'n
         gweld y presennol fel drwy darth a chysgodion yn
         symud ynddo fo. Ond fe ddaw llygedyn o heulwen
         weithie a thorri drwyddo fo ac fe alla i 'ngweld fy
         hun yn dawnsio yn Ffair Llanerfyl, foch wrth foch
         efo Huw Morys, ac mae'r hen arogle cryfion,
         melys yn llenwi fy ffroene i.
SIÔN :   (*Yn torri i mewn*) Nansi !
ANN :   Oes arnat ti ofn y gorffennol, fel John Penfigin ?
         Wyt tithe am anghofio tymor dy ieuenctid ?
SIÔN :   Tymor fy nghywilydd i.
ANN :   Wnest ti erioed ddim i gywilyddio yn i gylch, Siôn.
         Rydech chi i gyd mor gadarn yn eich crefydd—ti a
         John a Ruth a Thomas—byth yn cael trafferth i
         aros. Wyt ti'n cofio fel y bydden ni'n mynd am
         dro'n blant ? Y ti'n cadw i'r llwybr, dy lyged di'n
         gofalu na chaet ti byth gam gwag ; minne'n gadel
         y llwybr i chwilio rhai erill ac yn dod gartre yn
         sgriffiade i gyd a nhad yn deud—' Rhaid iti ddysgu
         aros ar y llwybr, Nansi !' Rydw i wedi treulio orie
         lawer yn gofyn am help i aros.
SIÔN :   Wyt ti eisie aros, Nansi ?

ANN : Sut y gelli di f'ame i ? Siôn—'dwyt ti'n nabod
       dim arna i.

SIÔN : Rydw i wedi treio. Ond rydw i'n credu fod John
       wedi bod yn rhy garedig efo ti—yn gadel iti i
       ame a'i gwestiynu fo. Nansi, pwy wyt ti i ame'r
       Athrawieth ?

ANN : Mi wn i 'mod i'n anheilwng iawn, Siôn, ond fe'i
       rhoddodd O i hun yn wrthrych serch imi, wel'di.
       Dyna iti ryfeddod o beth. Wyt ti'n meddwl imi
       siomi John ?

SIÔN : Wrth gwrs. Ac ynte'n rhoi cyment o le i'r Ysbryd
       Glân ac i Athrawieth y Cymod. A tithe'n 'u
       gwrthod.

ANN : O, na, nid 'u gwrthod. Ond roedd gen i rwbeth
       gwell.

SIÔN : Gwell ?

ANN : Ie, gwell. Rhwbeth mwy addas i mi. Ar hwnnw y
       gallwn i fentro mywyd a bwrw 'mhwn. Ro'n i mor
       hapus efo fo, ond roedd yr hen amheuon yn hel.
       Meddwl 'mod i'n tristhau'r Ysbryd, yn cablu ac yn
       maeddu'i enw mawr O—mai dim ond rhith oedd
       fy nghrefydd i. Fe fydde'n dda gen i taswn i'n
       debycach i mam.

SIÔN : Ond rwyt ti'n od o debyg iddi, Nansi. Roeddech
       chi'n dallt eich gilydd mor dda.

ANN : Tybed ? Roedd mam mor gre—y Theodor balch
       o'i thras ; yr Eglwysreg gadarn, ddi-ildio. Minne'n
       eiddil ac yn ofnus. Roedd mam am imi briodi
       arian, fel Siân, er mwyn cael byd di-bryder. Wyt
       ti'n meddwl y bydde Thomas Griffiths y Ceunant
       yn gneud i thro hi, Siôn ?

SIÔN : Mae Thomas Griffiths o deulu parchus.

ANN : Ac mae ganddo geiniog wrth gefn. Fe ddyle
       hynny blesio mam. Be wyt ti'n i feddwl, Siôn ?
       Hoffet ti rannu dy aelwyd â Thomas Griffiths ?

SIÔN : Fe fydde'n fraint. Ond ti ŵyr dy bethe.

ANN : Y cyfan wn i ydy fod yna wacter oer o'r tu mewn
       imi.   Rydw i'n unig ac yn llawn amheuon—
       gelyn'on oddi fewn ac oddi allan.
SIÔN : (*Yn ddi-amynedd*) Amheuon o hyd.
ANN : Ie—amheuon, ansicrwydd, ofn . . .
SIÔN : (*Yn torri i mewn*) Fe ddylet 'u bwrw nhw dan draed.
ANN : (*Mewn anobaith*) Siôn—gâd imi fod.
SIÔN : Mae'n ddrwg gen i. Rydw i am y gore iti.
ANN : Wyt, mi wn i hynny. Dos di, mi arhosa i yma am
       sbel.
SIÔN : Tyrd efo mi rŵan.
ANN : Na, dos di at Ruth. Fe ddo i pan fydda i'n barod.
       (*Mae SIÔN yn oedi eiliad, yna'n gadael y llwyfan.
       Wedi iddo'i gadael mae ANN yn mynd ar ei gliniau wrth
       y boncyff.*)

(Cyflwynir lleisiau ar dâp fel cynt. Gellir creu Tablo o'r olyfga olaf drwy ddod a'r cymeriadau i'r llwyfan i'r Setiau priodol a'u rhewi wedi cyflwyno'r lleisiau. Dylid gofalu fod pob un ar dro oddi wrth ANN.)

ANN : Huw ?

HUW : Nan ?

ANN : Fedri di fadde imi am dy wrthod di ?

HUW : Fe allen ni fod wedi symud mynyddoedd, efo'n gilydd.

ANN : Be sydd gent ti i'w gynnig iddo fo, Malan Huws ?

M.H. : Cysur corff, Ann Thomas.

ANN : William ?

WILL : Tynnu o ore dau fyd—'does 'na ddim o'i le yn hynny'r lodes.

ANN : Edward Owen ?

E.O. : Ie, 'ngeneth i ?

ANN : Mae arna i ofn mawr.

E.O. : Cerdded y gwastad y bydda i. Chware'n saff.
(Rhewi HUW, MALAN, WILLIAM ac E.O. yn Set 2)

ANN : Paid a bod yn galed arna i, Ruth.

RUTH : Deliwch yn y ffydd, meistres—' Yr Arglwydd yw fy nghraig a'm hamddiffynydd '.

ANN : John—pam y gnest ti fy ngadel i ?

JOHN : Roedd ar Thomas Charles fy angen i.

ANN : A beth am fy angen i ? Siôn—beth ydy'r ateb ? Dywed wrtha i.
(Ni ddaw ateb oddi wrth SIÔN. Rhewi RUTH, JOHN a SIÔN yn Set 3).
Mae ANN yn aros ar ei gliniau tra mae RUTH, neu'r cwmni'n gyfan, yn canu'r emyn ar dâp).

Beth sydd imi mwy a wnelwyf
Ag eilunod gwael y llawr ?
Tystio rwyf nad yw eu cwmni
I'w gystadu â'm Iesu mawr ;

O am aros,
Yn ei gariad ddyddiau f'oes.
(Dyblir y ddwy linell olaf gyda phwyslais arbennig ar y geiriau—' O am aros.' Mae'r golau'n pylu'n araf yn ystod y canu nes gadael y llwyfan mewn tywyllwch.)